Couverture
- Maquette:
  GAÉTAN FORCILLO
- Photo de l'auteur:
  DANIEL POULIN

Maquette intérieure
- Conception graphique:
  ANDRÉ LALIBERTÉ

DISTRIBUTEURS EXCLUSIFS:

- Pour le Canada:
  AGENCE DE DISTRIBUTION POPULAIRE INC.*
  955, rue Amherst, Montréal H2L 3K4 (tél.: 514-523-1182)
  *Filiale de Sogides Ltée

- Pour la France et l'Afrique:
  INTER-FORUM
  13, rue de la Glacière, 75013 Paris (tél.: 570-1180)

- Pour la Belgique, la Suisse, le Portugal, les pays de l'Est:
  S.A. VANDER
  Avenue des Volontaires, 321, 1150 Bruxelles (tél.: 02-762-0662)

Hélène Sévigny

L'autre femme

le jour,
éditeur

© 1984 LE JOUR, ÉDITEUR,
DIVISION DE SOGIDES LTÉE

Tous droits réservés

Bibliothèque nationale du Québec
Dépôt légal — 2e trimestre 1984

ISBN 2-89044-176-8

Introduction

Quand on vit ses premières amours, on ne veut rencontrer personne sur sa route qui pourrait nous dire que ce bonheur sera fragile. Les autres ne peuvent pas comprendre et c'est parce qu'ils sont désabusés de la vie qu'ils veulent absolument nous séparer. Quelques années plus tard, on réalise tristement que les "désabusés" avaient raison. On comprend alors qu'on avait bâti sa vie sur un nuage, sur une illusion en se disant que les malheurs étaient pour les autres. Qu'importe, on aura vécu sa vie!

De ces mauvaises expériences, il y a ceux qui s'empressent de repartir sur un autre nuage sans prendre le temps de faire une pause dans leur vie amoureuse et il y a les autres, ceux qui n'oseront plus. Celui-là ne sera plus capable de reconnaître l'amour ou de lui faire confiance. Il s'est trompé une fois. Cette erreur a duré des années. En face de l'amour, il recule. Un mariage qui ne lui convenait pas le détourne maintenant d'un amour qui lui conviendrait. Il laisse aller les choses,ne voulant plus y mettre l'effort, ni les énergies. Il n'a retenu de l'amour que les anxiétés, les culpabilités, les combats et il n'a pas compris que ce n'est pas le mariage qui avait causé tout cela mais le fait que cette femme n'était pas pour lui.

J'ai tenté de dépeindre dans ce livre certaines de ces méprises afin de permettre à ceux-là qui s'apprêtent à vivre un amour ou une séparation de voir venir certains pièges et de s'éviter peut-être... d'autres désillusions.

Quand on n'a pas vécu certains drames, on peut se laisser étourdir par tant de vérités. Qui faut-il croire?... Il ne se passe pas un mois sans qu'un magazine ne publie une dernière étude sur le couple actuel ou ne propose une nouvelle façon d'aimer.

Il y a donc une recherche et un besoin de savoir ce que vivent les autres. Et de tous les confidents, l'avocat est peut-être celui qui se trouve le mieux placé pour entendre les meilleures confessions sans y faire intervenir l'émotivité. Il ne peut se permettre de démissionner comme le font les amis. Il assiste son client dans ses premières démarches, ses ruptures, ses réconciliations, ses anxiétés et ses désirs de vengeance. Il connaît l'effondrement de la première famille et assiste souvent à la naissance de la deuxième. Sa profession l'amène à voir le meilleur des cinémas. Le plus vrai. Les clients ne peuvent pas lui mentir ou faire miroiter la réussite de leur nouvelle relation quand ils sont là pour trouver une solution aux problèmes qu'elle leur apporte.

Devant ces confidences, ces échecs et très souvent les mesquineries des uns et des autres, il m'arrivait souvent de penser qu'on devrait filmer les gens qui se séparent pour leur permettre de se revoir quelques années plus tard, lorsque les passions se sont calmées. Peut-être réaliseraient-ils avec tristesse qu'une partie de leur vie a été vécue en fonction d'une obsession: "l'autre". On réaliserait qu'on s'est empêché de vivre, qu'on a épuisé ses énergies dans l'acharnement à poursuivre, haïr et faire payer le mal qu'on avait subi. On réaliserait aussi qu'on s'est leurré sur soi. Sur ses mérites. Sur ses valeurs. Sur ses vertus. Qu'on s'est leurré aussi parfois... sur la maîtresse.

D'où pouvaient venir toutes ces illusions qu'on se faisait sur elle et sur ce pouvoir qu'on lui prêtait. Elle semblait, pour l'épouse, le seul danger véritablement menaçant. Une femme supportait un mari tyrannique ou alcoolique pendant cinq, dix et parfois même quinze ans de sa vie avant de réagir et de se séparer. Et je ne pouvais m'empêcher de me demander quelle épouse supporterait la présence d'une maîtresse aussi long-temps dans sa vie, avant de réagir.

Pourquoi n'accordait-on pas la même importance aux autres problèmes du couple? Et la réponse était presque toujours la même: "Parce qu'en dehors de ce défaut, il est un bon mari." Mais, est-ce qu'une femme dirait:" En dehors du fait d'avoir une maîtresse, il est un bon mari..."

La maîtresse amène un dilemme beaucoup plus rapidement. Non seulement l'homme a vite un choix à faire mais la maîtresse continue de "déranger" le couple même lors-qu'elle disparaît. Et il me surprenait de voir qu'une femme, qui avait aimé un homme au moment où il la subissait comme un contrat, le quittait maintenant que le tout était rentré dans l'ordre et qu'il était prêt à l'aimer, non pas parce qu'elle ne l'aimait plus mais parce qu'elle ne pouvait plus lui faire confiance. Pour elle, il avait commis deux fautes: d'abord celle de l'avoir trompée, et ensuite celle de le lui avoir caché. Et je réalisais que, dans bien des cas, la femme préférait encore un mari fidèle qui la traite comme une habitude ou un devoir plutôt qu'un mari qui l'aime mais qui l'a un jour trompée sans le lui dire.

Pourquoi cela... Parce que, maintenant, la confiance est morte, disaient-elles. Comment des femmes qui ne se con-naissaient pas en arrivaient-elles à utiliser les mêmes phrases toutes faites? Dans un même temps, je réalisais qu'elles avaient presque toutes le désir caché de donner une autre chance à l'époux mais qu'elles n'osaient pas... "parce qu'il ne faut pas faire confiance à un homme pareil". En agissant ainsi, elles obéissaient à des principes. Et j'ai compris qu'en amour comme ailleurs les hommes et les femmes ne vivaient pas nécessairement la forme de relation qui leur convenait avec leur conjoint, mais qu'ils obéissaient à des modes, adhéraient à des conventions pensées et propagées par d'autres.

Sur le plan social, les nouvelles façons de vivre ou d'aimer ne sont-elles pas introduites dans les moeurs de la même manière qu'on lancerait un produit de beauté sur le marché? Ne se retrouve-t-on pas suggestionné dans nos options amoureuses par de simples phrases si faciles à retenir que, par la suite, elles conditionnent nos vies, sans que l'on cherche à les comprendre? Le slogan publicitaire influencerait-il jusqu'à nos amours?

Comment expliquer la force de ces phrases "passe-partout"? Est-ce que ce ne seraient pas elles finalement qui amèneraient les nouveaux courants... "On ne rate pas sa vie pour ses enfants". C'est clair, c'est précis et ça dit ce que ça veut dire. Même l'excellent père de famille d'autrefois commence à être ébranlé dans ses convictions, à force de l'entendre à toute heure du jour. "L'important, c'est que toi... tu sois bien" se passe de commentaire. "Il n'y a rien de *pire* que le mensonge dans un couple, ça *tue* la confiance." Le verbe tuer à lui seul est assez fort pour nous laisser présumer de l'avenir. De temps en temps, on y ajoutera une note personnelle: "Nous, on se dit absolument tout et *je ne permettrais pas* qu'il me cache quelque chose. C'est *la pire* affaire!" Et... quand on vit le pire, ne divorce-t-on pas?

Jour après jour, très soigneusement, s'ancrent en nous les modes de penser des autres. Finalement, on divorce parce que, d'un cliché à l'autre, il ne reste plus d'alternative. Si certains ont parfois l'audace de dévier de ces formules, ce sera rarement pour vivre une mode personnelle avec le conjoint mais pour aller rejoindre un autre groupe qui préconise d'autres règles de vie. Ainsi, par exemple, l'ancien adepte de la relation de franchise ayant échoué ou évolué différemment pourrait vivre maintenant la philosophie de l'échange des partenaires.

Il y a donc, presque toujours, dans nos comportements ou nos principes, l'obéissance à une mode, l'appartenance à un groupe. Le couple à lui seul ne se suffit pas. Il a besoin de sécurité, qu'il trouvera en vivant ses amours selon les normes que la société a pensées ou repensées pour lui. Il faut qu'il puisse "s'accrocher" à un penseur. Lorsqu'on me disait: "Mon mari et moi sommes allés assister à une conférence. Nous voulions repenser notre couple", cela signifiait, dans la majorité des cas, adapter séance tenante à sa vie les principes du dernier conférencier, pour finalement, quelques années plus tard, se retrouver chez l'avocat... et divorcer.

Devant ces échecs, j'ai commencé à remettre en question ces devises si faciles à retenir en essayant de comprendre qui avait pu faire croire que seule la relation amoureuse vécue dans la franchise absolue pouvait conduire au bonheur et à l'harmonie. Aucune alternative possible. L'objectif était louable: la confiance. Mais aucune précision sur le cheminement à faire dans sa propre vie pour en arriver du jour au lendemain à pouvoir vivre cette franchise, sans se traumatiser ou traumatiser son partenaire. Une "phrase clé" venait de décider du bonheur d'un couple!

Ces formes de relation hélas... avaient leurs échecs et ne conduisaient pas nécessairement au bonheur, puisque les gens qui avaient tenté de les mettre en pratique divorçaient dans l'agressivité comme les autres. Et c'est à force d'en voir le minable résultat que j'en suis venue à m'interroger sur leur choix, leur vérité.

Ils avaient en commun une aversion, un mépris flagrant pour toute autre forme de relation que celle de la franchise; j'avais l'impression parfois que cela les frustrait de voir ceux qu'ils appelaient des "hypocrites" continuer leur mariage comme si de rien n'était après une aventure amoureuse extra-conjugale. On ne leur pardonnait pas d'avoir l'air heureux.

Dans les moeurs, le divorce est accepté, quelles que soient les conditions dans lesquelles les enfants auront à le vivre, mais l'adultère de la femme ou de l'homme marié continue de déranger. L'amant ou la maîtresse prouve que le couple a des problèmes sérieux. C'est pourquoi... "on pardonne une aventure mais pas une maîtresse". Et pourquoi cela? D'où vient encore cette autre croyance? Il y a pourtant bien des couples aux prises avec des problèmes très sérieux qui n'ont jamais eu de maîtresse dans leur vie. D'où peut venir cette magie ou cette importance qu'on accorde à la maîtresse?

Finalement, je n'avais pas d'autre choix que celui de reconnaître que la maîtresse est, de tous les défauts ou vices qu'un homme peut avoir, celui qu'une épouse pardonne le plus difficilement. Et elle ira parfois jusqu'à faire croire à son mari qu'elle aime vivre cette philosophie de "l'échange des partenaires" pour qu'il n'éprouve aucun besoin d'avoir une maîtresse.

Qu'on le veuille ou non, la maîtresse fait peur. Tout se brode autour d'elle. Si elle existe, on voudra se séparer ou du moins, on en parlera très sérieusement. Si elle n'existe pas, on se croira obligé, par ailleurs, de supporter une vie intolérable.

Il faut donc reconnaître qu'elle est au centre de la décision du couple de se séparer ou non et qu'elle amène automatiquement la remise en question de sa vie amoureuse. J'ai donc voulu parler, dans ce livre, de ce qu'on est appelé à vivre à cause d'elle en abordant les problèmes adjacents à son existence. Il m'apparaissait qu'il ne suffisait pas de la décrire pour comprendre les angoisses et parfois même les injustices qu'on vivait à cause d'elle ou qu'on lui faisait vivre. À partir d'elle, tout s'enchaîne: la séparation, la réconciliation, le départ des enfants, les confidences aux amis. Dans l'intervalle, on a des regrets et, un peu plus tard, on est appelé à refaire sa vie.

Qui donc est la maîtresse? Est-elle aussi fascinante et troublante qu'on serait porté à le croire? A-t-elle véritablement le sort enviable qu'on lui prête, ou n'est-elle pas, comme le disent certains hommes, une simple rose à la boutonnière?

Est-elle une maîtresse moderne heureuse ou abusée... une maîtresse traitée à part égale par son amant ou une maîtresse accommodante de peur de le perdre? Aurait-elle peur de découvrir la vraie place qu'elle tient dans sa vie...? Et dans certains cas, qui a la plus belle relation amoureuse: l'épouse ou la maîtresse?

Parce que la maîtresse moderne travaille, on en a rapidement conclu qu'elle était une femme indépendante et heureuse. Ce nouveau portrait est-il conforme à la réalité, ou la maîtresse n'est-elle pas restée un peu la même face à l'homme qu'elle aime?

Qu'en pense l'homme qui l'approche? A-t-il vraiment peur de son indépendance financière ou serait-il celui à qui elle profite le mieux...?

Dans l'espoir que ce livre vous amène à comprendre que les pièges ne sont pas toujours là où on les attend, et la vérité non plus...

Hélène Sergnuf

Chapitre premier

Les maîtresses

Les maîtresses heureuses...
et les autres

Il y a les maîtresses privilégiées, celles qui supplantent l'épouse et qu'on rencontre dans tous les voyages d'affaires ou de plaisir, et celles qui vivent dans l'ombre et dans l'attente d'un divorce qui n'aura jamais lieu.

L'homme est toujours déchiré de devoir choisir entre deux femmes amoureuses; bien souvent, s'il n'était pas pressé de fixer son choix dans les plus brefs délais, il ne choisirait jamais l'une plutôt que l'autre.

Par ailleurs, lorsqu'il n'est pas appelé à choisir, il poursuivra souvent de front ces deux relations qui le mettront constamment en désaccord avec lui-même et avec ses principes. Malheureux d'être ainsi en conflit avec lui-même et voyant qu'il n'arrive pas à s'en sortir, il reportera son agressivité sur la femme qui en est la cause: la maîtresse.

Voilà pourquoi le mari qui se sent coupable d'avoir une maîtresse lui en fera très souvent payer le prix. Il comblera son épouse en guise de compensation et fera passer sa maîtresse au dernier plan de sa vie.

Il se croira honnête parce qu'il répétera régulièrement à sa maîtresse que son rôle premier est d'abord et avant tout l'évasion qu'elle doit apporter à l'homme... et non l'inverse.

Certains maris n'oseront pas le dire aussi crûment à leur maîtresse, mais le jour où elle ne les divertira plus, c'est-à-dire le jour où ils découvriront qu'elle apporte elle aussi ses problèmes, ils en viendront à une rupture.

Cette philosophie égoïste de l'homme face à la maîtresse était compréhensible à l'époque où l'homme "installait" sa maîtresse confortablement, voire bourgeoisement. Elle était en quelque sorte "le fou du roi", et il était normal qu'il s'attende à un certain agrément en échange de toutes les dépenses qu'il devait engager pour elle.

La maîtresse savait alors qu'elle possédait tout ce luxe à condition de demeurer intéressante. La partie était loyale, chacun connaissant très bien son rôle et l'ayant accepté.

Aujourd'hui, l'homme ne paie plus pour avoir une maîtresse mais continue souvent à garder les mêmes exigences vis-à-vis d'elle. Bref, il profitera de l'émancipation de la femme pour se divertir à bon compte, tout en gardant en tête la philosophie d'une ancienne époque qui consistait à croire que la maîtresse est là pour le plaisir. Du jour où elle apportera ses problèmes, ses inquiétudes, il la quittera en se disant: "Finalement, elle n'est pas plus drôle que ma femme."

Pour cette sorte d'amant, la maîtresse doit demeurer celle qui passe dans sa vie après sa femme, ses enfants, ses collègues, son travail professionnel, ses loisirs... à condition qu'il lui reste du temps et à condition qu'il en ait envie.

Elle passera seule ses fins de semaine, ses anniversaires, et la plupart des événements importants de sa vie. Elle fera souvent le vide autour d'elle, pour lui donner toute la place. Chaque fête de famille ou d'amis deviendra pour elle un cauchemar où elle se demandera toujours: "Qui donc pourrait m'accompagner?" Si jamais elle se permet de garder quelques camarades, les sentiments de la maîtresse paraîtront à son amant un peu moins sérieux et il commencera souvent à prendre certaines distances à son égard. S'il n'ose pas toujours afficher ouvertement sa jalousie, il n'en demeure pas moins que c'est à la façon dont elle occupera ses heures de solitude qu'il mesurera l'attachement qu'elle a pour lui.

Le mari poussera parfois l'odieux de son sentiment de culpabilité vis-à-vis de son épouse jusqu'à en faire l'éloge pendant les maigres heures qu'il passe en compagnie de sa maîtresse. Celle-ci alors connaît l'épouse dans les moindres détails et son rôle se borne à consoler les remords de l'époux. Et la maîtresse supportera, car le mari ajoutera: "C'est une si bonne femme. Elle ne se doute même pas que je puisse être ici, avec toi". Finalement, les voilà deux à se sentir coupables vis-à-vis de "celle qui ne le mérite pas".

D'autres maris auront la réaction inverse. Devant la culpabilité qui les gagne, ils dénigreront l'épouse tout le temps qu'ils seront en compagnie de leur maîtresse, comme pour se justifier de mener une double vie.

En général, cette sorte d'amants "coupables" profite mal des moments d'intimité passés avec la maîtresse, cette dernière en étant réduite au rôle de confesseur, de confidente ou de thérapeute. Au cours de cette "relation-psychiatre", elle apprendra qu'elle n'a pas été choisie parce qu'elle était "extraordinaire" mais presque par nécessité: "Si ma femme était davantage comme ceci avec moi et non pas comme cela, je ne la tromperais pas."

Quelle sorte de bonheur peut finalement connaître cette femme, pour accepter une vie aussi morose? Ce n'est certes pas la sécurité, puisque ce temps est révolu. Ce n'est pas non plus un profond attachement qui traverse les orages, car le jour où sa maîtresse tombera malade, il se sauvera sur la pointe des pieds en lui disant : " au fond, qui n'a pas ses petits ennuis?" Et en souvenir de tout ce qu'elle aura fait pour lui, de ses longues heures d'attente et d'ennui, il s'empressera d'en trouver une autre, débordante de santé et de vitalité. Il partira en disant que ses malheurs l'attristent profondément, que la vie est injuste... mais il partira.

Pour cet homme-là, la maîtresse est demeurée celle qui doit "lui" apporter quelque chose. Elle existe en fonction de lui et de son plaisir. Dans ses relations amoureuses, la femme lui est restée inférieure et il la traite en inférieure. Il est à surveiller de près car il se dira souvent un défenseur du féminisme. En fait, c'est à lui que le féminisme profite: il est resté "ancien" dans sa façon de considérer la femme mais des plus évolués en ce qui concerne les avantages qu'il peut y trouver.

La maîtresse parviendra à se faire croire que cet homme l'aime puisque, lorsqu'il est "libre", dira-t-elle, c'est elle qu'il rejoint. Elle oublie que les hommes ne sont pas tous de grands conquérants et qu'en conséquence, "partir à la chasse", sans savoir ce qui en résultera, n'est pas l'affaire de tous. La maîtresse demeurera donc son refuge tant que les ennuis ne se présenteront pas. Qu'est-ce que sa vie à elle représente pour lui? Elle n'est rien d'autre que la conception du "mâle" antérieure au mouvement féministe mais avec cet avantage pour lui... qu'elle ne lui coûte rien. Ce même homme trouvera cependant normal d'apporter sécurité, soutien, confort à son épouse, mais se sentirait anormal et déplacé de se sentir concerné par les problèmes de sa maîtresse.

En quoi consiste finalement le rôle de la maîtresse moderne? La réponse semble demeurer confuse. Certains hommes cyniques diront que l'homme n'a jamais été mieux servi que depuis que la femme prétend avoir cessé d'être son esclave.

L'homme exige d'elle le même rôle qu'il exigeait autrefois, mais s'en tire en ne donnant plus rien en retour. Il est vrai, dira-t-il, qu'on ne lui a rien demandé. Et c'est peut-être là que la femme est demeurée perdante, précisément dans ses rapports amoureux. Très souvent, pour elle, l'amant demeurera au premier plan de sa vie. Elle s'arrangera pour être disponible en sachant bien qu'elle ne pourrait exiger la pareille. Elle aurait honte d'être son esclave sur le plan financier, mais n'hésitera pas à le devenir sur le plan affectif. Elle semble avoir acquis une indépendance financière, ce qui est heureux, mais continue de se laisser exploiter dans sa vie amoureuse, ce qui est moins heureux. On sent très bien qu'il y a un malaise dans son cheminement de "femme libre", mais qu'elle n'ose pas l'aborder, de peur de devoir en reconnaître les failles.

Le malaise ne vient pas du fait que la femme a changé son rôle dans la société, mais plutôt du fait qu'elle a oublié de donner un rôle à l'homme. Il n'y a pas eu d'échange. Où est-il? Que fait-il? Beaucoup d'hommes n'osent pas demander où pourrait être leur contribution, s'estimant heureux d'avoir été oubliés dans cette histoire. Certains ont même peur que les choses changent: "On est tellement bien traités qu'on a peur de sortir du silence." Sur le plan amoureux, l'homme n'a pas peur de la femme, il l'exploite même très souvent. Mais cela, il ne veut pas qu'on le répète, de peur que la femme se réveille et lui demande une plus grande participation. Combien de femmes ont en effet endossé des prêts pour des amants disparus et introuvables?

Pendant que la femme se bat pour ne plus être exploitée dans le monde du travail, elle n'a pas le temps de se rendre compte qu'elle est exploitée au niveau familial, ou que ses enfants le sont à sa place pour permettre au mari de se reposer, après le travail.

L'homme n'est pas allé se recycler pour faire la cuisine à sa femme, les fins de semaine. S'il n'est pas divorcé, il ne sait même pas encore comment laver ses chaussettes. Et s'il est divorcé, il s'empressera d'aller vivre chez une maîtresse pour qu'elle le fasse!

Où est véritablement son rôle dans l'émancipation de la femme, à part qu'il ne paie plus les factures et qu'on est gêné de lui demander de payer pour ses enfants? Il ne paie plus l'épicerie mais il ne fait pas les courses pour autant. Et lorsque sa femme reçoit son salaire, il lui dit souvent comment le dépenser ou de quelle nouveauté il aurait envie! Quand on n'arrive pas à gérer son portefeuille, l'autonomie est-elle une réussite ou une utopie?

Dans ses relations familiales, l'épouse qui travaille continue sans aucune honte à se conformer au schéma traditionnel du couple: celle qui "cuisine" pour son gentil mari ou fait cuisiner les enfants pour lui, pendant qu'il pratique son sport favori.

Lorsqu'elle reçoit, elle continue d'être celle qui se promène de la cuisine au salon, et du salon à la salle à manger. Le mari, pour sa part, reste confortablement installé dans son fauteuil, du début à la fin de la soirée, se levant de temps à autre pour remplir les verres des invités. Là s'arrête très souvent sa collaboration. D'autres maris, pour se donner bonne conscience, passeront leur temps à dire: "Chérie, as-tu besoin d'aide?", sachant pertinemment que l'épouse refusera qu'il vienne l'encombrer.

Ainsi recevait grand-père à l'époque où grand-mère restait chez elle et payait la bonne... pour circuler de la cuisine au salon, et du salon à la salle à manger.

La maîtresse, pour sa part, continue de ne rien attendre de son amant tout en s'évertuant à le servir. Et dans bien des cas, la femme qui trouverait humiliant d'être "installée" aux frais d'un homme en est rendu à "installer" son amant! Lorsque c'est elle qui "donne", elle appelle cela une relation "d'égale à égal". Lorsqu'elle "reçoit", cela devient la relation humiliante ou dangereuse du protecteur et du pourvoyeur.

Peut-être les changements sont-ils arrivés trop brusquement pour certains. Peut-être la femme a-t-elle revendiqué des droits sans insister sur ce qu'elle attendait en retour. Elle a déployé ses énergies là où les injustices étaient les plus flagrantes. Et l'homme a compris ce qu'il voulait bien comprendre. Il ne s'est pas attardé outre mesure aux domaines où il pouvait y perdre et s'est "accroché" aux domaines où il pouvait être gagnant. Ainsi donc, celui qui autrefois recourait à la prostituée ou à la maîtresse bien installée pour ne pas s'impliquer dans ses relations avec les femmes avouera en riant que la femme actuelle lui apporte plus que ce qu'un homme peut désirer: "il ne s'implique plus sur aucun plan et cela... sans devoir payer!" Voilà ce qu'il aura compris de l'émancipation de la femme, celui-là!

Ce serait assurément une véritable relation d'égale à égal avec l'homme si la femme, tout comme lui, ne s'impliquait pas et si elle pouvait, tout comme lui, y prendre son plaisir pour ensuite lui tourner le dos lorsqu'il l'ignore.

Mais lorsqu'elle reste, "s'accroche" et espère, qu'a-t-elle réussi de mieux que la femme amoureuse dépendante...?

* * *

La femme n'ose plus prononcer le mot "sécurité". Elle n'ose pas davantage aborder la question des avantages financiers dans son contrat de mariage parce que cela, dira-t-elle, ferait "femme entretenue". Elle n'ose plus espérer une assurance-vie en cas de décès du conjoint, parce que cela ferait "intéressé". Et finalement, lorsque le mari la quitte quelques années plus tard en lui laissant les enfants, elle réalise qu'il a l'audace de partir avec la moitié des meubles et en lésinant sur la pension alimentaire. Elle comprend avec amertume — et retard — que le seul des partenaires qui a vraiment profité de son émancipation, c'est le mari.

Dans toute association, pourtant, on trouve normal qu'il y ait une clause concernant le départ d'un des associés. Dans le domaine amoureux, la femme n'ose plus se protéger, s'en indigne même, au moment précis ou le divorce est devenu affaire courante.

Il suffit parfois de faire quelques lignes ouvertes sur les problèmes des concubines pour que le poste d'écoute regorge d'appels. Elles commenceront toujours leur intervention de la même façon: "Maintenant que j'ai des enfants, j'aimerais savoir s'il y a moyen de me faire reconnaître certains droits." Elles préciseront très souvent que le concubin, pour sa part, n'a nullement l'intention de corriger la situation, malgré l'existence des enfants. Bref, elles voudraient qu'on leur reconnaisse des droits qu'elles ont jadis repoussés.

Le terme "sécurité" fait démodé et la plupart des femmes qui osent mentionner ce mot se sentent honteuses. On comprend alors que ce phénomène de honte se retrouve amplifié chez la maîtresse. Une maîtresse moderne se sentirait, sinon coupable, du moins ridicule de parler sécurité à une époque où les épouses paient la voiture du mari et refusent de se faire offrir un café! Dans son mariage ou ses alliances, la femme serait-elle en train de laisser aller ses droits et privilèges, tout en ayant à ses côtés un partenaire qui ne la considère toujours pas davantage comme son égale?

Un homme "évolué"

Il n'est pas rare d'entendre la femme de carrière se glorifier d'avoir un mari ou un amant parfait simplement parce qu'il accepte qu'elle ait une profession et qu'elle l'exerce. Du fait qu'un homme lui donne le droit d'aller travailler à l'extérieur, elle en conclut qu'il est un "féministe". Et elle avouera, glorieuse: "Aujourd'hui, il ne pourrait pas vivre avec un autre genre de femme que la femme de carrière; il ne pourrait absolument pas être heureux avec une femme qui l'attendrait à la maison." Elle se décrit donc comme ayant la chance d'avoir à ses côtés un homme "évolué". "Et, prendra-t-elle le soin d'ajouter, de mon côté, il va sans dire, je ne pourrais pas vivre non plus avec un homme qui n'accepterait pas ma carrière."

À ses yeux, les autres épouses sont donc victimes d'avoir dans leur vie l'homme traditionnel, c'est-à-dire... l'homme "retardé". Et elle ne se gênera pas pour faire une moue disgracieuse face à ces femmes qui ne réagissent pas. Cependant, lorsque vous investiguez davantage sur l'homme "évolué" qui partage sa vie, vous découvrez qu'il n'est souvent rien d'autre qu'un homme traditionnel... gâté.

Va-t-il à la buanderie le samedi?... Non! A-t-il déjà fait les lits? ...Non! Passe-t-il parfois l'aspirateur?... Non! Enfin bref, à part lui donner la permission d'aller travailler et se réserver parfois le privilège de placer son argent, qu'est-ce que cet homme a "d'évolué"?

Ce qu'il aime finalement de la femme de carrière, c'est qu'elle ne se rend pas compte qu'elle est demeurée... le vrai portrait de sa mère!

Il faut reconnaître que certains hommes sont différents. Celui-ci aura encouragé sa femme à suivre des cours; à ne pas se faire "avoir" dans un garage; cet autre lui aura appris le fonctionnement de la tondeuse à gazon, comment peindre les murs et comment déblayer l'entrée de garage.

Comment expliquer que certains hommes tardent encore à évoluer!

* * *

Lors d'une séparation, la femme subit très souvent une injustice au plan financier. Il est évident que lorsqu'il n'y a pas eu d'enfant, chacun reprend sa route sans se sentir lésé. Mais lorsque, chemin faisant, des enfants ont grandi et qu'il faut faire face à des déboursés de plus en plus élevés, dans leur intérêt, la pension alimentaire du mari risque d'être insuffisante. Insuffisante car elle tient compte de ses revenus. Les revenus ne comblant pas nécessairement les besoins, l'épouse devra se débrouiller seule avec les problèmes qui s'ensuivront, dans l'hypothèse où elle a la garde des enfants.

On comprendra peut-être mieux pourquoi, dans certains milieux, la femme démunie s'empresse de se remarier à la suite de son divorce, pour aller chercher ce revenu qui lui manque. Sera-t-elle plus heureuse dans son deuxième mariage? Elle ne sait qu'une chose: le départ de son mari la prive d'un revenu dont elle a besoin pour subsister.

C'est seulement lorsque la femme est obligée d'enménager dans un "trois pièces" avec trois enfants qu'elle regrette les années de travail où elle a comblé le mari. Si elle avait su, dira-t-elle, elle aurait d'abord pensé à elle et aujourd'hui, elle ne se verrait pas dans l'obligation de quitter le "cinq pièces" d'autrefois.

Il est malheureux d'admettre que dans beaucoup de cas, la femme au travail, loin d'assurer ou de planifier son autonomie, continue de se dépouiller au profit d'un homme qu'elle aime! C'est au moment de la séparation qu'elle s'en rend compte.

Pourquoi n'a-t-elle pas profité des belles années pour se faire une "réserve" en cas de départ du conjoint plutôt que d'investir son argent dans les rêves du mari?

Pour certains, l'autonomie de la femme consiste à se faire offrir des cadeaux ou à faire rembourser leurs dettes. Lorsqu'ils rompent, la femme quittée n'est pas en meilleure posture que celle qui n'a jamais travaillé. À quoi lui aura donc servi son autonomie financière? Elle n'a aucune économie personnelle et lui, de son côté, n'a pas les moyens de la rembourser. Il part en lui disant "au revoir et merci". Et on a presque envie d'ajouter: "Meilleure chance la prochaine fois."

* * *

Avec le temps et un certain cheminement, toute femme peut comprendre qu'un homme puisse devenir amoureux d'une autre femme et vouloir vivre avec elle. Ce qu'elle n'arrive pas à comprendre ou à pardonner, c'est l'injustice qu'elle doit subir en contrepartie de cet amour.

L'homme, lui, a l'avantage de se retrouver seul pour repenser sa vie. La femme demeure "encerclée" par ses enfants. Devant les comptes à payer, elle n'a pas le temps de se demander ce qu'elle aimerait faire de sa vie si elle était encore célibataire.

L'épouse compréhensive

Que ce soit par fierté ou pour toute autre raison, l'épouse éconduite aura tendance à dire: "Je ne lui en veux pas. Je lui souhaite bien de la chance cette fois... Tant mieux si ça marche."

Au fond d'elle-même, elle n'en croit pas un mot et lui souhaite de tout coeur qu'il ait sa part de malheur, lui aussi. Elle rêve au grand jour de la justice; et cette justice, elle la cherchera énergiquement à travers les moyens légaux de chantage: la pension alimentaire et la garde des enfants.

Souvent, l'épouse jouera les grandes "maternelles" et fera semblant de compatir au sort de la nouvelle maîtresse! "La malheureuse... une petite naïve encore éblouie par le coup de foudre. Elle le connaîtra bien assez vite. C'est facile d'aimer et d'admirer un homme dont on ne connaît que la couleur des yeux et sa version des faits. Attends qu'elle s'ouvre les yeux, la pauvre enfant."

L'avocat pense représenter la mère qui se présentera le coeur déchiré de peur de perdre ses enfants; au contraire, il se retrouve devant une cliente qui lui réplique: "Pourquoi serait-ce plus à moi qu'à lui d'avoir les enfants... On sait bien, lui... il va avoir une belle vie avec sa maîtresse... Il est libre comme l'air."

Et bien sûr, l'épouse n'a plus qu'une seule idée en tête: faire en sorte qu'il ne soit plus aussi libre que l'air et nuire à son idylle par tous les moyens, y compris celui de lui retourner les enfants... question de mettre un frein à son intimité avec sa maîtresse.

Cette même épouse, qui s'était d'abord présentée au bureau de son avocat en disant: "Je n'ai pas du tout l'intention de refaire ma vie", dira maintenant: "Qui va vouloir de moi avec trois enfants?" et demandera à son avocat s'il n'existe pas un moyen légal d'obliger l'époux à prendre la garde des enfants toutes les fins de semaine. Puis timidement, elle lui demandera de calculer... "de combien exactement sa pension alimentaire diminuerait" si elle lui laissait les enfants en permanence.

Finalement, cette femme abandonnée par le mari ne se gênera pas pour abandonner elle-même ses enfants à d'autres... y compris à l'étrangère qui cohabite avec son époux, si besoin est ou si avantage... il y a. Elle n'aura aucun remords d'agir ainsi alors que dans un même temps, elle ne comprendra pas comment son mari a pu ainsi l'abandonner elle... sans remords!

Et si j'épousais ma maîtresse?

De la chambre d'hôtel, en compagnie de sa maîtresse, le mari téléphone à son épouse pour lui expliquer le dernier conflit de bureau, motif de son retard. La maîtresse l'observe, admire son cran et s'amuse à lui caresser la nuque pendant qu'il tente ce magnifique exploit.

Elle triomphe. Elle est heureuse. Elle est supérieure à la "légitime", cette éternelle abusée. Ils s'embrassent, si magnifiquement complices. Puis, dans un tendre murmure, elle ajoute: "J'aimerais tant être ta femme."

Au fond, ils adorent ce genre de vie et le désir des "épousailles" n'est qu'un jeu. C'est cette forme de relation qui leur convient véritablement. Ils aiment cette tendresse qu'ils se donnent... et qui n'a rien d'un contrat. Le mari pour sa part est heureux d'avoir deux femmes dans sa vie. Pour lui, l'épouse et la maîtresse lui apportent quelque chose de différent. Elles se complètent. L'une représente la sécurité et l'autre, la relation-plaisir.

Mais voilà... l'épouse tolérante se réveille et demande le divorce. Loin d'être ravi, l'époux est désemparé.Il n'a plus rien à dissimuler, plus d'épouse à tromper et pourtant, il est malheureux. Il est libre désormais, mais la liberté sans la sécurité ne lui apporte rien.

Habitué qu'il est de toujours avoir une femme à son chevet et ne pouvant supporter la solitude, il s'installe avec sa maîtresse. Celle-ci, projetée du jour au lendemain dans le rôle "sérieux" de l'épouse, commence à déchanter.

Lorsqu'il doit faire des heures supplémentaires, elle s'inquiète. Chacun de ses retards, chacun de ses appels téléphoniques sont un cauchemar. La jalousie et le doute s'installent. Elle revoit l'époque du champagne et de la magnifique chambre d'hôtel. Elle imagine la rivale couchée dans les bras de son mari, lui caressant la nuque, profitant du champagne et lui murmurant à son tour: "J'aimerais tant être ta femme."

La vie est devenue insupportable pour l'un comme pour l'autre. Quant à lui, il passe plus de temps à la rassurer qu'il ne le faisait jadis avec sa femme.

* * *

La maîtresse envie l'épouse et l'épouse envie la maîtresse. Celle qui a la qualité de la relation voudrait avoir la quantité et vice-versa. La maîtresse dira tristement: "Tu n'es jamais avec moi..." Quant à l'épouse, elle prétendra qu'elle préférerait le voir moins souvent mais qu'il s'intéresse davantage à elle lorsqu'il est là.

Ce qu'elle enviera souvent de la maîtresse, c'est que celle-ci puisse avoir le temps voulu pour se faire belle. Elle dira: "Elle est toujours prise à son avantage tandis que moi, avec les enfants, je ne suis pas toujours à mon meilleur."

Le rôle de l'épouse est si différent de celui de la maîtresse et les habitudes acquises par l'une et par l'autre sont également si différentes que l'adaptation devient parfois impossible et la rupture inévitable. Il n'est pas rare que d'anciens amants n'arrivent pas à s'adapter aux rôles de mari et femme. Habitués qu'ils sont de se voir aux heures qui leur conviennent, les difficultés surgissent souvent lorsque, du jour au lendemain, ils vivent ensemble, surtout lorsque l'épouse se retire sans faire d'embarras. Très souvent, ce qui avive et stimule la passion des amants, c'est la bataille qu'ils doivent livrer contre l'épouse pour rester ensemble. Plus l'épouse essaie de les séparer, plus elle les unit pour la combattre, plus elle nourrit leur amour. Si elle s'en va, les amants sont laissés à eux-mêmes, et il arrive que l'amour vécu dans la facilité ne les stimule plus. Les amants se sentent maintenant seuls.

Jusque-là, la seule rivale de la maîtresse était une femme qu'il disait ne plus aimer. Et lorsqu'il n'était pas avec elle, la maîtresse l'imaginait en train de souffrir auprès de "l'autre".

Lorsqu'il devient libre, la seule rivale disparaît pour laisser place à toutes les autres. Toutes les femmes deviennent soudain menaçantes pour la maîtresse. Elle n'est pas habituée de voir les choses ainsi. Elle a toujours été "la seule".

Les commentaires des collègues mariés lui font également peur: "Pauvre de lui! Se sortir d'un mariage pour se lancer dans un autre!" Elle commence sérieusement à redouter l'influence de ces perpétuelles allusions: "Si je me donnais le mal de quitter ma femme, je serais assez intelligent pour profiter de ma liberté au maximum..." Ce n'est guère rassurant pour la maîtresse qui n'est pas sans se douter que ce genre de commentaire finira par avoir son effet... les soirs de cafard!

L'attitude de la maîtresse semble souvent contradictoire. Si l'homme qu'elle aime ne quitte rien pour elle, elle se plaindra qu'il ne l'aime pas; s'il quitte tout pour elle, elle aura peur. Elle était habituée au rôle de la maîtresse qui supplantait la "légitime". Ce changement imprévu des circonstances l'amène malgré elle à jouer un rôle pour lequel elle n'était pas nécessairement douée ou préparée.

Elle connaît maintenant ses premières inquiétudes. S'il était marié à une femme qu'il a toujours présentée comme étant très bien, d'une part, elle se sent coupable d'avoir brisé un tel mariage et elle se demande, d'autre part, ce qu'il peut espérer d'elle. S'il a pu quitter une femme à qui il prétend n'avoir rien à reprocher, qu'adviendra-t-il d'elle, lorsqu'il lui découvrira des défauts?

Lorsqu'elle n'a rien détruit, parce que le mariage était déjà mort avant qu'elle ne fasse son apparition, elle éprouvera quand même une sorte de malaise. Dorénavant, elle se sentira des obligations envers lui. Malgré sa liaison de plusieurs années, elle demeurait libre de lui faire ses adieux quand bon lui semblerait. Elle n'avait besoin d'aucune excuse autre que: "Avec toi, cela ne mènera jamais nulle part. "

Maintenant, les choses sont différentes. Le fait qu'il se soit imposé de divorcer ou qu'il se soit exposé pour elle à une demande en divorce de son épouse lui crée une sorte de devoir moral. Elle se sent désormais obligée de l'aimer... et pour longtemps! Après tout ce qu'il a abandonné pour elle, il serait fort gênant d'avoir à lui dire, quelques mois plus tard, qu'après avoir bien réfléchi, il n'est plus tout à fait "l'homme de sa vie".

Et c'est souvent à ce moment-là que la maîtresse commence à s'intéresser à la cause véritable de l'échec du premier mariage de son amant. Les explications qu'il lui donne ne sont pas aussi claires qu'elle le voudrait. Elle commence sérieusement à s'inquiéter. Un "rien" la trouble; à la moindre anicroche, elle se demande toujours si c'est ainsi que sa première femme l'a perdu.

* * *

Voir un homme occasionnellement et vivre avec lui sont deux choses bien différentes. Il y a donc, pour certaines, la quasi-impossibilité de passer du rôle de maîtresse à celui d'épouse. La permanence est contraire à leurs besoins, à leurs attentes et à leur tempérament. Bref, elles ne sont pas à l'aise de devoir partager, "en tout temps", l'existence de l'homme qu'elles aiment. Elles préfèrent inspirer le rêve, se disant que le rêve entretient la passion, plutôt que d'inspirer la stabilité qui, après quelques années, se confond avec la routine.

D'autres, cependant, souffrent de leur statut de maîtresse. Il ne leur convient pas. Elles aimeraient partager "la vie de tous les jours" avec l'homme qu'elles aiment. Celles-là se battront pendant des années, s'il le faut, pour amener leur amant à quitter l'épouse. Très souvent, dans ce cas, elles auront tellement lutté pour ce bonheur qu'elles seront épuisées lorsqu'il surviendra. Loin de célébrer leur victoire, elles éprouveront une forme de lassitude.

La maîtresse essaiera alors de cacher son peu d'enthousiasme, se sentant coupable de ne pas être heureuse. L'homme tant désiré se trouve enfin là et elle n'éprouve rien du bonheur qu'elle avait imaginé. Il lui semble que dorénavant, tous les problèmes sérieux vont reposer sur elle et qu'il était plus passionnant d'imaginer ce dénouement que de le vivre. Pour elle, avouer une chose pareille à l'amant équivaudrait à lui dire qu'elle ne l'aime plus.

Si la maîtresse cache mal sa déception, l'amant sera désemparé: "Tu ne dis jamais rien, tu ne souris pas. J'aurais cru que tu aurais été très heureuse. Pourquoi m'as-tu laissé faire tout cela, si tu n'es même pas contente?" Et l'amant menace de retourner chez lui en ajoutant, pour la culpabiliser, qu'il est peut-être même trop tard pour faire ce retour en arrière.

La maîtresse est désespérée. Elle réalise qu'il a raison, mais en même temps, elle ne voudrait pas qu'il parte.

Il serait certes préférable pour l'homme qui vient de rompre son mariage d'apprendre à vivre seul, afin de s'habituer lentement à sa nouvelle existence et afin, également, de prendre le temps de connaître sa maîtresse.

Maintenant qu'il est libre de la fréquenter, pourquoi ne prendrait-il pas le temps de la découvrir? Il est tellement plus simple de sortir quelqu'un de sa vie, quand on vit déjà chacun chez soi!

Vivre seul permettrait aussi à l'amant de prouver à sa maîtresse qu'il la choisit en toute connaissance de cause, et non dans un moment de précipitation ou de désarroi. Le mari en détresse qui, une fois à la porte de chez lui, se réfugie chez sa maîtresse, ne démontre pas nécessairement son sincère attachement pour cette dernière.

Malheureusement, les considérations financières entrent souvent en jeu. Lorsque l'amant a les moyens matériels d'agir ainsi, la maîtresse hésitera à l'encourager à vivre seul en appartement, de peur de lui déplaire ou qu'il en conclue qu'elle ne l'aime pas. Après tout, c'est un peu à cause d'elle qu'il en est là. Elle aura donc peur qu'il pense qu'elle veut l'abandonner dans un moment pareil. Puis, elle a aussi ses autres inquiétudes. Lui demander de vivre en solitaire dans un coquet appartement, c'est presque l'inciter à inviter d'autres femmes. N'est-ce pas l'exposer inutilement à la tentation et... n'est-elle pas bien placée pour le savoir? Le soir où il ne pourrait la recevoir, ou qu'il voudrait tout simplement se reposer, est-ce qu'elle ne se poserait pas certaines questions... et est-ce qu'elle ne trouverait pas des réponses?

On a trop tendance à oublier que les maîtresses ont aussi leurs problèmes de frigidité, leurs crises de jalousie et leurs tourments intérieurs. Dès qu'une femme devient la maîtresse d'un homme marié, elle est souvent considérée comme la privilégiée des deux femmes. Et si l'époux quitte sa femme pour s'installer avec elle, la maîtresse est automatiquement vue comme la grande gagnante.

En réalité, l'homme envisage souvent mal la solitude et, de ce fait, s'empresse souvent de s'installer à la hâte avec sa dernière conquête plutôt que de goûter la liberté qu'il a si longtemps désirée.

C'est quand il s'est vu sur le trottoir, sa valise à la main, qu'il a compris le "vrai" sens de la liberté: deux costumes à porter chez le nettoyeur, aucune chemise propre pour le lendemain. Dans ces circonstances, même la maîtresse rencontrée la veille l'aurait séduit.

Il est souvent préférable que la maîtresse ignore le véritable motif de ce soudain désir de vivre à deux. Il existe de ces amants lucides et pratiques qui vous avoueront très simplement qu'il leur coûterait trop cher de vivre chacun de leur côté. On peut se demander ce qui adviendrait de cette union si l'amant gagnait à la loterie...

Mais, pour beaucoup de femmes, la présence de l'autre l'emporte sur la qualité de l'amour. L'important, c'est qu'il soit là, qu'elles aient enfin cet homme bien à elles. Peu importe que ce soit par besoin de meubler sa solitude ou par nécessité financière qu'il se retrouve là; l'important, c'est qu'il y soit.

Elles ferment les yeux sur le fait qu'elles aient été choisies accidentellement ou par besoin financier. Tout ce qu'elles espèrent, c'est que le besoin financier ne disparaisse jamais.

* * *

La femme de la transition

On ne saurait trop insister sur le danger d'être, pour l'homme divorcé, la femme de la transition. Il a vécu un mariage, vient de vivre un divorce... qu'il l'admette ou non, il est en plein traumatisme. Il a peur des femmes qui se présentent et souhaite ne plus jamais entendre parler de mariage ou de liaison trop engageante, impliquant des émotions.

Comment pourrait-il vouloir s'engager à fond dans une relation quand il n'est pas encore réellement "sorti" ou remis de son premier mariage? Psychologiquement, il se sent encore marié.

Il aura donc tendance à se lier à une femme qui lui apportera une relation confortable, raisonnable, "pas dérangeante''. Parce qu'il craint de retomber en amour, il recherchera inconsciemment une relation où sa maîtresse deviendra son meilleur "garde du corps''. Elle sera sa "régulière'' pour qu'il puisse éloigner de lui les femmes dangereuses en leur disant: "Je ne suis pas libre... j'ai déjà dans ma vie une femme merveilleuse avec laquelle je m'entends très bien... à qui je n'ai rien à reprocher.''

Il recherchera, pour ce faire, la moins dangereuse des femmes, celle qui ne risque pas de le demander en mariage. Elle se contente d'être à ses côtés sans attendre autre chose que la continuité.

Il tiendra finalement le même langage que du temps où il était marié, sa "blonde'' jouant le même rôle que son ex-femme jadis... le protégeant des "autres''. Il peut donc, grâce à elle et bien que libre en apparence, se dégager de toutes les liaisons, en disant qu'il n'est pas libre!

Il aura donc à nouveau envie d'aventures comme du temps où il était marié. Sa maîtresse officielle n'est là que pour le protéger de l'amour vrai, de l'amour fou, de l'amour envahissant, au cas où il surviendrait.

Si sa maîtresse disparaissait de sa vie, il ne vivrait pas davantage ses amours avec celle qu'il aimait en secret mais s'empresserait de trouver un autre "garde du corps'', une autre femme "pas dérangeante'' à qui il donnerait à nouveau le premier rôle.

Bref, il s'arrangera pour qu'une femme qu'il ne peut aimer avec passion prenne assez de place dans sa vie pour l'empêcher de s'engager ailleurs. Il a avant tout besoin d'une période de transition avant d'aimer à nouveau.

L'homme qui a perdu sa femme parce qu'il la négligeait, son travail passant avant son mariage, recherchera la femme autonome qui semble n'avoir besoin de personne, la femme qui ne dépend pas de lui pour être heureuse. Pour le moment, sa sécurité, ce sera cette femme-là. Elle ne pourra avoir le prétexte de le quitter parce qu'il la néglige.

Quelques années plus tard, lorsqu'il sera enfin prêt à aimer et à se laisser aimer, il réalisera que cette femme "raisonnable" n'est pas nécessairement pour lui. Quand viendra le moment de la quitter, il comprendra que cette femme qui acceptait d'être négligée lui fait revivre la même séparation qu'il a connue jadis, du temps de sa femme. Elle n'exigeait que la continuité mais s'accrochera à cette continuité: "Je te demandais si peu. Je me suis contentée de presque rien... Mais qu'est-ce que tu peux avoir à me reprocher..." Et il se retrouvera dans le même piège que l'homme marié. Comment s'en sortir avec élégance? Ne lui a-t-il pas déjà dit qu'elle répondait en tous points à ses critères les plus importants?

À cette époque, il était sincère. La maîtresse croyait sa position assurée jusqu'à la fin des temps. Après tout, elle fréquentait un homme "libre". Mais ce genre d'homme libre a un cheminement à faire. S'il ne le comprend pas et qu'il laisse entrer dans sa vie la femme de la transition, il se retrouvera avec les mêmes obligations vis-à-vis d'elle que s'il était marié. La rupture sera pénible car il n'aura rien à lui reprocher... sinon qu'il a changé. Encore!

Il devra affronter à nouveau la culpabilité, la pitié. Mais il vivra, cette fois, un cauchemar de plus que celui de l'homme marié: celui de s'inquiéter de sa stabilité. Il ne pourra s'expliquer ce nouveau "revirement": "Que m'arrive-t-il, j'avais pourtant fait un excellent choix."

Certains hommes ont tellement peur de ne jamais atteindre la stabilité dans leur vie amoureuse, ou se sentent tellement coupables de ne pas y être encore arrivés après un divorce, qu'ils continuent leur relation en disant: "Si je change encore de femme, est-ce que je changerai à nouveau dans quelques années? Ce n'est sûrement pas cela la vie. Je dois avoir un problème." Finalement, pour ne pas avoir à découvrir qu'ils sont instables, ils vivront leur deuxième union avec le même enthousiasme qu'ils ont jadis vécu la première.

Chapitre 2
Les pièges

Sa maîtresse n'est même pas jolie!

Au siècle où l'on vit et où un homme peut facilement trouver des aventures amoureuses sans se compliquer la vie pour autant, on se demande parfois comment il se fait que certains hommes puissent encore recourir à la maîtresse classique... et unique, avec tous les conflits et les problèmes qu'elle engendre.

Tel homme, jusque-là raisonnable, abandonne du jour au lendemain sa femme et ses enfants. Tel autre ira jusqu'à vendre ou hypothéquer sa propriété qui semblait le but ultime de sa vie... Tout ce malheur pour une affaire de femme! On le regarde tout sacrifier et on ne le comprend pas. On regarde la maîtresse qui en est la cause et on comprend encore moins...

L'épouse abandonnée pour une autre récrimine souvent: "Qu'a-t-elle de plus que moi?" Et dans la plupart des cas, elle a souvent raison. La maîtresse n'a souvent rien de plus, extérieurement, que la femme légitime; dans certains cas, il arrive même qu'elle soit moins attrayante que l'épouse. Les enfants se permettent d'être choqués du contraste et les amis iront jusqu'à dire: "Se donner tant de mal pour si peu. "

Comment une femme peut-elle à elle seule causer un tel ravage et finalement triompher au point de se faire épouser? Qui donc est cette femme si extraordinaire pour avoir ainsi transformé ce père exemplaire et ce mari modèle en amant passionné et irréfléchi? Telles sont les questions auxquelles l'épouse voudrait pouvoir répondre, lorsqu'elle se demande: "Qu'est-ce qu'elle a de plus que moi? Il est maintenant l'inverse de ce qu'il a toujours été, c'est-à-dire qu'il est enfin celui que j'ai toujours si ardemment souhaité qu'il soit. Il adore chez sa maîtresse ce qu'il ne pouvait tolérer chez moi et il fait pour elle des choses qu'il n'a jamais faites pour moi. Il ne m'a jamais téléphoné le soir pour me prévenir d'un retard alors qu'"elle", il l'appelle même pour lui dire qu'il sera à l'heure! Il n'a jamais voulu s'asseoir pour discuter de nos problèmes. Pour lui, tout allait toujours très bien. Lorsqu'il est parti, il a osé me dire que la discussion était primordiale dans un couple et que c'était là ce qui lui avait le plus manqué avec moi. Bref, il m'accusait de n'avoir rien fait pour améliorer notre situation alors que c'est lui qui éludait sans cesse le problème. Comment peut-il être aussi injuste! Il aurait pu m'accuser de n'importe quoi, mais pas de cela."

L'épouse veut assurément connaître celle qui a pu ainsi conquérir son mari et se dit, à en juger par les résultats, que pour le rendre aussi aveuglément amoureux, il a fallu une femme à la hauteur, c'est-à-dire une femme belle comme le rêve et aussi fabuleuse que diabolique.

Or, règle générale, la maîtresse est souvent une personne des plus ordinaire. Il suffit de circuler quelque peu dans les couloirs des palais de justice, chambre des divorces, pour rapidement constater que, dans la vie de tous les jours, la rivale est souvent une femme toute simple, bien différente de la séductrice de cinéma. Pourquoi alors ce mari divorce-t-il?

Nombre de femmes n'imaginent leur vie matrimoniale en danger que si la rivale est d'une rare beauté ou d'une attirance physique peu ordinaire. C'est ainsi qu'elles diront: "Je suis allée au bureau de mon mari afin de me rendre compte par moi-même si la secrétaire de mon mari pouvait être dangereuse. Franchement, il n'y a pas à s'inquiéter." Et elles s'endorment en toute sécurité, misant sur le fait que la secrétaire ne soit pas assez séduisante pour provoquer un drame dans leur vie conjugale.

Très souvent, lorsque la femme ne se sent pas en compétition avec une autre, elle a tendance à se reposer, c'est-à-dire à se laisser aller dans son apparence et dans son attitude. Elle se ferme presque volontairement les yeux sur les allées et venues suspectes du mari, ayant résolu de croire qu'il n'est pas en danger.

Finalement, la secrétaire "pas trop jolie" finit par devenir assez alléchante... pour s'intéresser au mari et le captiver. Ajoutons à cela qu'elle écoute attentivement son patron quand il lui parle, alors que l'épouse, pour sa part, l'interrompt souvent au milieu d'un important discours quand elle ne change pas tout simplement de sujet pour lui faire comprendre qu'il est ennuyeux. Et finalement, comme tout le monde a besoin de se valoriser d'une quelconque façon, l'homme aura tendance à se rapprocher de la femme qui l'admire.

Beaucoup d'hommes cependant n'ont aucun besoin de se sentir "valorisés" de cette façon, et, en conséquence, échapperont facilement à l'emprise de la secrétaire. À leurs yeux, pour qu'une relation apporte le plaisir ou l'évasion, il faut qu'elle vienne "d'ailleurs" et qu'elle ne puisse en rien être reliée au travail. Ils auraient alors l'impression, disent-ils, d'avoir une deuxième épouse et d'être encadrés en tout temps, où qu'ils aillent.

En apparence, ces hommes peuvent sembler très résistants. Peut-être seront-ils de ceux qui iront simplement se faire piéger ailleurs. À leurs yeux, ils auront toutefois évité la pire des embuscades. Très souvent, lorsque les amours du patron et de l'assistante sont rayonnantes, celle-ci commence à se permettre des retards ou des journées de congé. Il est alors difficile pour le patron de n'être pas compréhensif! Plus tard, lorsque la relation amoureuse commencera à s'effriter, ils auront sous les yeux une collaboratrice défigurée par le chagrin et envers laquelle ils se devront encore d'être compréhensifs.

Quant à la rupture amoureuse en elle-même, elle se compliquera souvent en nécessitant un départ ou un congédiement. Et il n'est pas facile d'apprendre à une femme qu'on la remercie de ses services professionnels... pour en avoir été aimé!

La pitié a souvent plus de pouvoir sur l'amour que l'amour lui-même

Généralement, les hommes ont peur des belles femmes et, en conséquence, ne divorcent que très rarement pour elles. En revanche, ils s'apitoieront facilement pour une femme sans envergure ou sans défense qu'ils auront séduite, allant même parfois jusqu'à l'épouser ou à divorcer, si nécessaire, dans leur désir de la protéger. Ils se sentiront facilement obligés envers elle.

Mais qui pourrait bien avoir pitié d'une belle femme? Voilà pourquoi, au lieu de lui enseigner qu'elle a tous les atouts en mains pour réussir sa vie et mener le monde, on devrait lui apprendre très tôt à se méfier de sa beauté, à se suffire à elle-même et à savoir qu'un homme qui profite de ses faveurs ne se culpabilisera pas de l'abandonner, chemin faisant. Il se justifiera en pensant: "Elle m'oubliera vite, elle n'est pas sans ressources", ou encore: "Elle trouvera facilement quelqu'un d'autre, je ne suis pas inquiet pour elle."

En effet, il ne viendrait jamais à l'idée de quiconque que des femmes splendides comme Raquel Welch ou Ursula Andress puissent être malheureuses dans leur vie amoureuse; et si cela était, qui oserait se faire du souci pour elles? Du moment que la femme possède la beauté et, de surcroît, la richesse, elle n'est plus à plaindre, quels que soient les malheurs qu'elle ait à vivre.

Peu importe qu'au moment où j'écris ces lignes, Jacqueline Kennedy soit en train de mourir d'un ulcère d'estomac ou d'une tumeur au cerveau qui puisse la paralyser à tout jamais. Les journalistes écriront à la une: "Jackie se repose dans son luxueux appartement de New York qui lui coûte 4 500.00$ par mois." Elle serait paralysée qu'on la décrirait encore comme une personne enviable, en insistant sur le fait que ses serviteurs l'amènent sur la terrasse admirer les fleurs de son magnifique jardin!

Notre société considère la belle femme comme déjà trop avantagée par la vie pour être à plaindre; c'est pourquoi l'homme ne s'inquiétera pas de la faire souffrir. Parce qu'elle ne fait pas pitié à voir, et qu'elle peut rapidement se faire des amis, il aura tendance à la traiter comme si elle était incapable d'attachement et de sincérité.

Il n'a pas l'impression d'avoir séduit une femme sans défense. Il sait qu'il se trouvera bien un homme quelque part pour la consoler du chagrin qu'il lui cause en la quittant. Il philosophe même sur cette rupture malheureuse, mais combien inévitable dans les circonstances, et sous le galant prétexte qu'elle pourra être très heureuse avec un autre que lui-même, la belle maîtresse amoureuse sera vite congédiée sans plus d'égard et de formalités.

Ainsi, se termine le plus souvent la romance. Parce que tous les hommes sont pour elle, on ne veut pas être le naïf qui en tombera amoureux et qui en souffrira. Certains prétendent que pour épouser une belle femme ou pour s'engager envers elle de quelque façon, il faut aimer vivre dangereusement, car les rivaux seront nombreux et la concurrence très forte. Or, que cherche un homme qui "trompe" sa femme lorsque l'occasion lui en est donnée, si ce n'est de s'amuser avec une jolie femme et de s'empresser de retourner auprès de la "légitime", une fois la fête terminée.

Cherche-t-il une meilleure compréhension? L'homme qui veut refaire sa vie est souvent un homme inquiet ou tourmenté, et ce n'est malheureusement pas une très belle femme qui le rassurera. Bref, les belles femmes sont rarement dangereuses. Vivre un adultère avec elles est une chose, divorcer pour elles en est une autre. Il est difficile à ce genre de femme d'inspirer confiance, fidélité, stabilité. L'atout même de sa beauté devient souvent l'obstacle par excellence dans ses relations amoureuses. C'est parce qu'elle ne présente pas les vertus traditionnelles de l'épouse que l'homme tend à se dérober et se refuse à l'épouser. Il se méfie d'elle et la fuit: elle correspond trop parfaitement au portrait classique de la femme pour laquelle "on ferait des folies", celle qui risque de n'apporter que des ennuis. Il est marié, il n'est pas libre et ne veut pas d'histoires. Sachant cela, il essaie d'en profiter sans s'attacher, c'est-à-dire sans se rendre au stade de la liaison dangereuse. Il ne veut pas divorcer. Il se dit heureux mais, en fait, il craint par-dessus tout les complications.

L'instinct naturel de l'homme, son mécanisme de défense lui enjoignent de se détacher de cette femme avant qu'il ne soit trop tard, ce qui ne peut être le cas dans l'hypothèse d'une femme ordinaire. Avec ce dernier genre de femme, il ne se méfie pas, il ne craint pas de s'attacher, et c'est seulement quand il est trop engagé dans la relation, quand il fait pour elle des "folies" qu'il n'aurait jamais faites pour une femme plus jolie, qu'il comprend qu'il est piégé, mais il est trop tard.

Devant cette femme apparemment sans défense, il ne s'est pas méfié de la tournure des événements, car ce n'est pas d'elle qu'on lui a enseigné à se protéger et à craindre les problèmes. Finalement, l'homme trop malin et trop renseigné pour se laisser prendre au filet de la femme fatale tombe dans les filets de la femme dont il ne sait rien, celle de qui on ne lui a rien appris, celle sur laquelle il n'est pas renseigné; la femme banale et sans histoire, la femme qu'il rencontre tous les jours. C'est pourquoi, quand l'homme succombe à la tentation de quitter sa femme pour une autre, la beauté n'a souvent rien à voir; il choisira souvent de demeurer avec celle qui lui inspirera le plus de pitié. Si c'est de sa femme qu'il s'agit, il abandonnera alors sa maîtresse en disant: "Comprends-moi. Je ne veux pas briser mon mariage, ma femme ne mérite pas ça. Toi, tu es jolie. Ce n'est pas pareil..."

On comprend que la maîtresse abandonnée puisse demeurer interloquée lorsqu'elle apprend, un an plus tard, que ce même homme ait pu briser son mariage pour une autre femme... apparemment très ordinaire et moins jolie qu'elle. Elle ne peut alors s'empêcher de conclure qu'il ne l'a jamais aimée et de constater que "pour un homme qui ne voulait pas briser son mariage, il n'a pas perdu de temps..." Et elle ajoutera, dans le secret de son âme: "Celle qu'il a choisie ne me vaut pas, je me demande comment elle s'y est prise."

Pour ce genre d'homme, la séparation ou le divorce était impensable tant que sa femme "faisait plus pitié" que ses maîtresses. "Ma femme ne mérite pas ça" sous-entendait non seulement que sa femme ne méritait pas la séparation mais qu'elle ne méritait même pas d'être trompée. Et c'est la culpabilité qu'il ressentait vis-à-vis d'elle qui le faisait revenir à la maison, quêter l'absolution et faire en sorte de mériter son pardon.

Et c'est seulement le jour où cet homme rencontre une bonne âme valeureuse, souffrante et aimante comme sa femme, qu'il est ébranlé dans ses convictions et sa morale. Il choisira alors celle qui fera plus pitié que l'autre, c'est-à-dire celle qui risque de souffrir plus que l'autre de son abandon... celle finalement envers laquelle il se sent le plus coupable.

On comprendra sans doute mieux maintenant pourquoi certaines femmes, même à notre époque, recourent encore au stratagème de la grossesse, de la tentative de suicide, en passant par la simple dépression nerveuse, pour inspirer remords, culpabilité... et se faire épouser.

Et c'est ainsi que la pitié a souvent plus de pouvoir sur l'amour que l'amour lui-même.

L'homme se piège souvent lui-même

Il est assez difficile de comprendre qu'une maîtresse puisse planifier et miser sur une grossesse pour décider son amant à quitter sa femme. Comment peut-elle en effet croire que son enfant à elle le "retiendra", puisqu'en quittant sa femme et ses enfants issus de son premier mariage, il prouve à la face du monde que les enfants n'ont pas suffi à le retenir. À tout le moins... qu'ils ne pèsent pas très lourd dans la balance. Comment une femme quelque peu avertie peut-elle user d'une ruse qui a déjà échoué?

Il est aberrant de la voir choisir pour séduire ou retenir cet homme précisément l'arme par excellence qui ne le retient pas, ou du moins qui ne l'a pas retenu jusqu'ici. Veut-elle démontrer qu'à "armes égales" contre l'épouse, sa rivale, c'est elle qui l'emportera? Veut-elle se prouver qu'avec les mêmes armes, elle réussira là où l'autre a échoué?

Comment une femme peut-elle exiger qu'un homme se contredise? Elle veut qu'il prenne ses responsabilités vis-à-vis d'elle et qu'il les renie vis-à-vis de l'autre. La voilà, la preuve d'amour qu'elle exige. Pouvoir se dire: "Il m'aime plus qu'elle car ELLE, il l'abandonne avec des enfants et moi, il m'épouse POUR cet enfant."

On peut se demander ce qu'une femme peut espérer de l'avenir avec un homme qui renie d'un côté ce qu'il privilégie de l'autre. Elle peut sembler très naïve en apparence. Or, cette femme est très habile et si elle est devenue enceinte, c'est parce que l'amant lui en a presque suggéré l'idée.

C'est un homme d'une grande sensibilité et elle le sait. À plusieurs reprises, il a tenté de la quitter en lui expliquant clairement, pour qu'elle ne souffre pas, que c'est elle et elle seule qu'il aime mais qu'il se devait de rompre à cause de ses enfants, qui risquaient de trop souffrir de la situation.

L'homme est ainsi fait que pour amoindrir le choc de la rupture avec sa maîtresse, ou pour la consoler, il se croit obligé de dire: "Je te quitte mais c'est toi que j'aime."

Cette maîtresse n'a donc pas à lutter dans ce cas-ci contre une "femme qui ne mérite pas ça" mais contre des enfants... Puisque les enfants sont sa faiblesse, elle lui en fera. La maîtresse se dit en elle-même: "Maintenant que nous avons toutes les deux des enfants, tu vas devoir faire un choix." En d'autres termes: "Maintenant que nous avons toutes les deux les mêmes moyens pour te faire pitié et te culpabiliser, c'est réellement l'amour qui va te guider pour faire ton choix. Tu n'as donc plus l'excuse des enfants, puisque j'en ai aussi. Nous faisons donc pitié également."

L'homme est alors vraiment pris à son propre piège. Partagé entre deux femmes qui font également appel à ses principes et à sa morale, il ne lui reste plus qu'à laisser parler son coeur.

Il n'ignore pas que, quel que soit son choix, il passera pour un être dénaturé ou insouciant car la situation se résume à ceci: renier les enfants qui sont déjà là ou renier celui qui va naître.

Ainsi, la maîtresse qu'on croyait naïve aura su prendre la situation bien en mains en créant les mêmes obligations des deux côtés. En se résignant à la rupture comme il le lui demandait, il aurait pu l'oublier après un certain temps.

Elle risquait donc de le perdre. En devenant enceinte, elle pouvait l'attacher. De quel côté se trouvait donc pour elle le risque le plus avantageux...?

Cet homme a-t-il vraiment choisi cette femme? Cette femme est-elle vraiment celle qu'il aurait aimée, s'il avait été libre?

L'homme ne quitte pas toujours sa femme pour une maîtresse exceptionnelle ou parce qu'il vit une passion extraordinaire. Il lui arrive d'être victime des circonstances... et de ses propres aveux.

L'amour, fruit du hasard?

L'homme est souvent seul responsable de la situation qu'il a créée. Pour avoir simplement voulu sortir de la routine, il s'est retrouvé avec des obligations à divers endroits à la fois. Il lui a fallu faire un choix entre "l'ancienne" et la "nouvelle", et c'est souvent le coup du sort qui a fait triompher l'une plutôt que l'autre.

Ce n'est pas toujours l'amour qui fait pencher la balance. Les choses se passent parfois tellement rapidement à partir du moment où l'épouse découvre la liaison de son mari, que le choix qu'il doit faire à ce moment-là est souvent imprévisible, même pour lui. Il est en quelque sorte dans la situation du voleur qui serait pris en flagrant délit par le propriétaire des lieux. Va-t-il fuir, demander grâce ou assaillir le propriétaire? Il ne le sait souvent pas lui-même car il n'a pas prévu cette éventualité et même s'il l'avait prévue, c'est encore l'attitude de la personne qui l'a surpris qui déciderait de sa conduite.

Ainsi en est-il le plus souvent de l'infidèle "pris en faute". Il est presque certain que l'homme qui a toujours craint son épouse dans le passé aura une réaction de fuite lorsqu'il sera découvert. Par conséquent, il n'aura d'autre solution que de se réfugier là où il sera le plus en sécurité, là où il ne risque pas d'avoir à subir d'assaut ou d'interrogatoire, soit chez sa maîtresse.

C'est pourquoi le choix qui se fait à cette minute n'est pas toujours révélateur des sentiments réels de l'époux. Dans certains cas, la peur d'affronter l'épouse peut être le motif réel de son choix, et la maîtresse qui croit la partie gagnée ignore souvent que l'homme qu'elle est fière d'avoir à ses côtés peut se trouver là simplement parce qu'il ne veut pas retourner chez lui affronter les "comment" et les "pourquoi".

Il n'a peut-être même jamais imaginé pareil dénouement; pressé par les événements de se trouver un toit, un asile, il est allé rejoindre la femme qui était déjà dans sa vie à ce moment-là. Il se peut également que, sans craindre nécessairement son épouse, il la connaisse suffisamment pour savoir qu'elle a le tempérament à lui rendre la vie impossible, maintenant que son infidélité lui est connue. Désemparé, il ne sait pas très bien où aller si ce n'est qu'il est préférable de ne pas rentrer chez lui. Que faire alors?...

La solution la plus naturelle et la plus sécurisante, c'est de se retrouver chez cette femme qu'il connaît déjà. S'il veut paraître logique, il lui faut choisir de s'installer avec cette femme qui est dans sa vie. Aller vivre seul en appartement consacrerait le *ridicule* de sa liaison. Ce serait admettre qu'il a accepté de compromettre son mariage avec une femme qu'il n'aime même pas suffisamment pour vouloir en partager l'existence, maintenant qu'il est libre. Par ailleurs, il sait aussi qu'il aura à régler beaucoup de problèmes importants avec cette séparation improvisée, sans devoir par surcroît faire l'apprentissage des corvées de ménage et d'entretien qui incombent aux célibataires vivant seuls.

Devant cet avenir incertain où rien n'a été pensé, planifié, la maîtresse apparaît ici plus réconfortante que la solitude. Si l'épouse pouvait s'arrêter aux mobiles qui ont pu pousser son mari à choisir, elle verrait que très souvent, il a opté pour la solution la plus facile.

En face de son mariage qui se dissout en lui apportant une importante série de conflits à résoudre — pension alimentaire, garde des enfants, droits de sortie et de visite, partage des meubles, vente de la maison —, ce n'est certes pas le moment pour lui de remettre en question ses sentiments vis-à-vis de la maîtresse ni de la quitter sous prétexte qu'elle n'est peut-être pas la femme idéale ou encore, parce qu'elle n'a pas le charme des modèles des grands magazines. Pour l'instant, il s'accroche au seul havre de paix qu'il connaisse: sa maîtresse.

L'histoire de Benoît

"Ma femme ne méritait pas que je la trompe. C'était une bonne épouse timide, effacée, fidèle, qui n'aurait pu vivre sans moi. C'était ce genre d'épouse traditionnelle qui se marie pour la vie et qui vous aimera, quoi qu'il arrive. C'était ma sécurité: même en chaise roulante, elle serait restée à mes côtés.

"Je sortais avec d'autres femmes parce que j'en avais envie. Il m'arrivait de tomber amoureux. Passé le grand jeu de la séduction, je devenais plus ou moins méchant avec mes maîtresses, comme pour qu'il y ait une sorte de justice. Ma femme souffrait à cause de moi et c'était ma façon, sans que je m'en rende vraiment compte, de réparer le mal que je lui faisais. Je me disais que si je faisais souffrir ma femme qui ne le méritait pas, je devais, en toute justice, faire également souffrir mes maîtresses. Comme ça, je me sentais moins coupable envers ma femme. Je me faisais un point d'honneur de ne pas rendre une autre femme plus heureuse qu'elle.

"Je choyais mes maîtresses et, dès le lendemain, au bureau, je me détestais. Je comparais ce que je donnais à l'une par rapport à ce que je refusais à mon épouse et je trouvais mon attitude injuste. Ma femme cousait elle-même ses vêtements. Elle lésinait sur le prix des menus achats par souci d'économie alors que moi, je flambais en une seule soirée, pour une inconnue, une femme de qui je ne savais rien, ma paye d'une semaine.

"Lorsque je me sentais trop coupable, je commençais à préparer la rupture. Quand je quittais une maîtresse, j'avais l'impression de me racheter auprès de ma femme. Du fait que l'autre souffrait et que ma femme récupérait, je me donnais l'impression d'être un homme honnête, d'avoir bien agi.

"Six ou huit mois plus tard, je recommençais avec une autre, et le même jeu reprenait, jusqu'au jour où j'ai rencontré une femme dans le genre de ma femme. Je me suis alors senti coincé, car je faisais souffrir deux femmes qui ne le méritaient pas. Les précédentes étaient belles, débrouillardes et je me disais qu'elles m'oublieraient rapidement et facilement. Dans cette dernière aventure, je n'arrivais plus à savoir laquelle sacrifier; lorsque ma maîtresse m'a annoncé un matin qu'elle était enceinte, j'ai dû faire un choix. Je suis parti avec celle qui faisait le plus pitié: la maîtresse enceinte.

"Mes collègues, pour leur part, ne comprenaient pas qu'un "tombeur" comme moi, qui avait eu les plus belles femmes à ses pieds, ait pu choisir de s'envoler avec une femme d'apparence aussi quelconque.

"Si j'étais parti avec une belle femme, j'aurais eu l'impression de m'être fait "avoir". Je ne sais pas pourquoi, mais quand on a affaire à une femme comme ma dernière maîtresse, une femme qui ressemble en tous points à ma première femme, c'est différent. On ne cesse alors de se répéter: "Je l'ai séduite" et on arrive même à s'accuser de l'avoir rendue follement amoureuse. On se sent des obligations envers elle. Quand je pense que je disais autrefois à mes collègues: "Je voudrais bien voir celle qui m'attrapera."

Chapitre 3

Après le plaisir

À qui la faute?

L'épouse trompée devrait cesser de se demander ce que son mari trouve à "l'autre" pour davantage s'interroger sur ce qu'il ne lui trouve plus à elle. Mais voilà, c'est plus fort qu'elle. L'épouse se décrit toujours comme la femme modèle et exemplaire, victime des manigances de la séductrice, de l'ensorceleuse! L'épouse a beau chercher, elle ne se trouve pas de défauts. Elle relève une à une toutes les situations pathétiques où elle s'est montrée héroïque au cours de ces dernières années de mariage et en conclut qu'il n'y a pas beaucoup de femmes qui auraient supporté ce qu'elle a si péniblement enduré par amour au cours de ces dix ou quinze ans de mariage. Elle s'affole; elle ne mérite pas l'infidélité et, encore moins, la rupture définitive.

La femme est facilement persuadée que la beauté et la sexualité sont les seules raisons pour lesquelles un homme la quitte. Si elle est trompée, c'est donc que le mari a rencontré une femme plus jeune ou plus belle ou une meilleure amante. L'épouse trompée ou abandonnée a tendance à tout ramener, de l'infidélité ou de la liaison du mari, à une simple attirance physique à laquelle aucun homme normal n'aurait pu résister, à commencer bien sûr par son très "normal" de mari!

Il ne lui viendrait jamais à l'idée de supposer son mari dans les bras d'une femme laide ou frigide. Lorsqu'elle s'inquiète de ses retards elle l'imagine nécessairement dans les bras de l'irrésistible femme fatale. C'est pourquoi elle est si facilement décontenancée si elle a l'occasion de rencontrer la rivale en question et de constater qu'il s'agit d'une femme très ordinaire, même banale. Elle n'en croit pas ses yeux: "Si au moins il l'avait choisie plus jeune ou plus belle, j'aurais *compris*. Mais pour ce genre de femme, vraiment je ne *comprends pas*."

En conséquence, parce que, sur le plan physique son mari perd au change, il fait forcément une très mauvaise affaire en la quittant. Et pour se consoler, elle ajoutera: "En tout cas, je parais mieux qu'elle."

Quant aux amis, ces observateurs discrets et dévoués, ils ne manqueront pas de signaler que la "deuxième" doit sûrement avoir des performances sexuelles supérieures à la "première", pour avoir ainsi détourné un homme de sa famille, sans raison apparente.

Cependant si, de l'avis de l'épouse, les relations sexuelles étaient jugées satisfaisantes, elle est alors perplexe car elle ne trouve plus d'explication au départ du mari. Si ce n'est ni la beauté ni une histoire de "sexe", qu'est-ce que cela peut bien être, se demande-t-elle.

Comment expliquer un engouement tel qu'il puisse mener l'homme jusqu'à la séparation définitive et l'abandon de ses enfants. Ce qui oblige l'épouse à chercher un mobile beaucoup plus sérieux. Comme elle ne "veut" pas trouver de motif qui pourrait mettre sa propre intégrité en doute, elle s'empressera de conclure: "Je ne le comprends pas. Il est devenu fou. Elle est plus grosse que moi", ou encore: "Elle est plus vieille que lui."

Cette réaction de l'épouse peut s'expliquer de bien des façons; la société a habitué la femme à un comportement défaitiste en ce domaine. Depuis son enfance, la femme a été mentalement préparée à céder la place à une plus jeune ou à une plus jolie. Même si, au plus profond d'elle-même, elle souhaite que cela ne se produise jamais, il n'en demeure pas moins qu'elle est prête à ce genre d'échec. Avec de pareils principes, on comprend aisément que l'épouse puisse être anéantie lorsque son mari la quitte pour une femme plus âgée ou moins belle.

Mais n'y a-t-il pas une certaine sécurité pour la femme à penser ainsi... Pourquoi l'épouse veut-elle absolument que la maîtresse soit forcément une femme irrésistible, si ce n'est pour n'avoir, en son âme et conscience, aucun reproche à se faire au moment de la rupture. Lorsqu'on peut se dire: "Il est parti avec une plus jeune", cela ne sous-entend-il pas: "Que puis-je contre le temps... aucune autre femme n'aurait pu faire mieux que moi. Par conséquent, je n'ai rien à me reprocher."

N'est-il pas rassurant de pouvoir s'abriter derrière un motif contre lequel ni elle ni personne ne peuvent rien? Quelle épouse oserait pousser l'investigation plus loin, s'accuser au besoin et poser le problème différemment: "Que pouvait-il avoir à me reprocher d'aussi important pour être allé jusqu'à me quitter pour ce genre de femme?"

Elle devrait accepter à l'avance l'idée de découvrir qu'elle a peut-être sa propre part de responsabilité dans ce qui lui arrive au lieu de s'acharner à vouloir se justifier auprès des uns et des autres. Elle se comporte très souvent comme si elle avait des comptes à rendre à l'humanité entière.

Elle s'évertue à prouver à tous et à chacun qu'elle a été parfaite. Ce n'est pas tant le fait que l'épouse veuille absolument se considérer "sans reproche" qui est malheureux, mais cette peur obsédante et maladive que les autres lui trouvent des torts.

Devant l'échec de son mariage, il devient donc réconfortant pour elle de se convaincre qu'elle est victime des manoeuvres d'une mystérieuse et belle inconnue. Mais elle a surtout besoin d'en persuader ses proches, car elle n'ignore pas que si la maîtresse n'est pas exceptionnellement jolie, l'entourage pensera qu'il est parti pour un motif plus sérieux qu'une attirance physique.

L'épouse sait alors qu'elle n'échappera pas à la règle qui veut que "rien n'arrive pour rien" et qu'elle risque alors sa réputation de "bonne épouse" auprès des amis. Dès qu'ils seront informés de la situation, ils tenteront d'y voir plus clair, de comprendre pourquoi et, en s'y appliquant bien, ils finiront par lui trouver des torts. Or, l'épouse blessée se veut sans reproche, ne serait-ce que pour conserver l'affection des quelques amis qui lui restent. Une femme qui vient de perdre un mari ne veut surtout pas perdre les amis du même coup. En donnant l'image de l'épouse sans reproche, elle pourra conserver la sympathie des autres épouses qui ne manqueront pas de se dire: "Ce qui lui arrive pourrait nous arriver. Il suffit qu'une belle femme se présente..."

L'épouse abandonnée s'épuisera donc à redonner sa version des faits, dans l'espoir d'être mieux comprise ou d'anéantir les dernières calomnies que le mari aurait pu répandre sur son compte.

En agissant ainsi, elle s'oblige à vivre dans le sillage d'un homme qu'elle a tout intérêt à oublier et qu'elle apprendra à haïr, tant les mensonges qu'il racontera sur elle et qu'elle entendra par le biais de ses amies lui feront mal. La femme s'impose cette torture de vivre à l'écoute des amies, prête à subir leur critique et leur jugement dans l'unique espoir d'en arriver à démontrer que le mari seul est coupable.

Or, l'épouse perd de vue que l'évolution, que la permissivité actuelle des moeurs interviennent pour une très grande part dans l'augmentation croissante du nombre de divorces. Maintenant que les couples vont et viennent comme s'il n'y avait jamais eu d'engagement, qu'ils font un jour ce qu'ils déferont le lendemain, il est très fréquent que l'épouse ne soit pour rien dans le départ du conjoint. Très souvent, l'homme divorce simplement parce qu'il est courant de divorcer, ou encore parce qu'il s'est marié en se disant: "Si ça ne marche pas, ce n'est pas irréversible, on divorcera."

Tel individu n'aurait jamais divorcé si le divorce était resté, chez nous, une infamie. Aujourd'hui, il ne risque rien ou, du moins, pas grand-chose. Il sait qu'il ne s'expose à aucune critique en abandonnant sa femme et ses enfants et que dans très peu de temps, on aura vite oublié la première pour s'incliner devant la deuxième. Un peu de patience, se dit-il, et le temps à lui seul arrangera les choses.

Cependant, si ce même individu a un cercle d'amis très respectueux des valeurs traditionnelles du mariage et qui, par conséquent, n'acceptent pas sa conduite, il n'aura pas le courage de défendre ses propres opinions et tentera de se justifier en recourant aux excuses classiques du mari délaissé: "Elle ne voulait jamais sortir, elle s'occupait trop des enfants."

Pour couper court à toute possibilité de reproche ou de mépris de la part des amis, la tactique la plus simple, pour lui, demeure celle d'accuser sa femme. Par contre, face à une société tolérante, une société qui ne le condamne pas, il avouera être parti sans nul autre motif que le simple désir de changement.

* * *

En quittant une épouse charmante, il savait qu'il se serait exposé à diverses critiques. Pour éviter le rejet de ses amis, il a imaginé un scénario dans lequel il se donnait le beau rôle: celui de la victime. Avec le temps, il finira par se convaincre que tout s'est passé comme il le prétend. Il a exagéré les situations, amplifié des détails sans importance et son histoire semble maintenant si convaincante que tous se demandent comment il a pu tolérer aussi longtemps pareille vie d'enfer.

Il a joué d'abord pour sa maîtresse, puis pour ses amis et, finalement, pour sa bonne conscience. Il ne serait certes pas très flatteur, pour la maîtresse qui voit la rupture comme un geste d'amour posé expressément pour elle, de lui avouer... "qu'on s'est séparés parce qu'on avait envie de vivre autre chose".

L'épouse et la maîtresse s'accusent

L'épouse et la maîtresse ont en commun qu'elles se méprisent sans se connaître. Lorsque l'époux quitte sa femme pour une autre, l'épouse a alors le choix entre blâmer un mari qu'elle connaît bien ou dénigrer une maîtresse qu'elle ne connaît pas. Elle choisira inévitablement de reporter tout l'odieux de cette aventure sur "l'intrigante" qui en est la cause...

Comme si le mari n'était pour rien dans ce genre d'aventure, l'épouse est toujours prête à défendre cet homme qui ne se soucie même plus de son existence et à persécuter une femme dont elle ne sait rien, à part le fait qu'elle lui a enlevé son mari. En déversant sa rancoeur sur la maîtresse, l'épouse tente d'esquiver une vérité qui lui ferait trop mal. N'est-il pas moins pénible de se dire: "Cette femme est la cause de tout" que de devoir s'avouer: "Je n'intéressais plus mon mari"?

L'épouse accuse une femme "amorale" de lui avoir enlevé son mari, alors que très souvent, une enquête le moindrement approfondie démontrerait que le mari a non seulement consenti à son enlèvement de bonne grâce mais qu'il en a été lui-même l'instigateur.

Cette version, on s'en doute, n'intéresse pas l'épouse, qui préfère encore l'image d'un mari faible à celle d'un mari coupable. Pour elle, l'unique responsable, c'est la maîtresse. En pensant ainsi, elle évite de se rendre ridicule, dans l'hypothèse où elle reprendrait vie commune avec lui car alors, elle ne reprendrait pas un mauvais mari mais un bon mari qui s'était momentanément égaré de ses devoirs sous l'influence d'une méchante femme.

Lorsque le mari rentre dans le droit chemin, c'est-à-dire lorsqu'il met fin à sa liaison pour retourner auprès de sa femme, les gens sont toujours surpris de constater que l'épouse trahie soit aussi magnanime et tolérante envers un homme qui l'a tout de même abandonnée pour une autre.

Certaines épouses sont heureuses de donner cette image de bonté infinie alors que d'autres, plus fières, s'empressent de discréditer la maîtresse. En disculpant ainsi le mari de tout blâme, elle s'affiche en épouse intelligente qui reprend ses droits et non en femme que l'on peut berner à sa guise et reprendre à volonté.

L'attitude de la maîtresse face à l'épouse est souvent semblable. Elle déteste et méprise une femme qu'elle ne connaît pas, simplement parce que celle-ci est l'épouse de son amant. Pour continuer d'aimer un amant qui ne se décide pas à quitter son épouse, elle aime croire qu'il est victime d'une femme tyrannique prête à utiliser tous les moyens de chantage pour garder le mari contre son gré.

Ce qui révolte la maîtresse par-dessus tout, ce sont les DROITS de "l'autre". Voilà ce qu'elle n'accepte pas. Elle est scandalisée qu'une épouse puisse avoir et utiliser des "droits" pour retenir un homme. En fait, elle déteste que "l'autre" ait de meilleures armes qu'elle pour gagner le combat. La partie n'est pas juste, pense-t-elle; l'épouse devrait se retirer sans faire d'histoire. Après tout, cette femme ne perd qu'un mari qui ne s'occupe plus d'elle depuis longtemps, dira-t-elle. Pourquoi veut-elle se venger... et de quoi?" À ce stade-ci de sa vie amoureuse, la logique de la maîtresse consiste à comprendre que son amant est à ce point extraordinaire qu'il vaille tous les sacrifices pour le garder et de ne pas comprendre qu'une autre femme, qui le possède déjà, puisse également le trouver assez extraordinaire pour vouloir se battre afin de le garder.

Elle voudrait donc que l'épouse se résigne à perdre son mari comme s'il n'était qu'"un homme parmi tant d'autres" alors que, pour elle, ce même homme est à ce point différent des autres qu'il ne puisse être remplacé par aucun autre dans sa vie affective.

Comment peut-elle avoir ainsi deux appréciations différentes à propos du même homme... Pour l'instant, seul son bonheur à elle a du prix et elle exige d'une autre femme un détachement qu'elle ne pourrait exiger d'elle-même.

Pour la maîtresse, l'épouse apparaît comme une femme égoïste. Elle veut garder son mari pour sa sécurité, son confort, sa classe sociale: "Elle ne veut pas laisser son train de vie douillet et elle appelle ça de l'amour!" Elle hait cette femme qui se cache derrière le prétexte des enfants pour mieux l'attacher.

Pour l'épouse, la maîtresse apparaît également comme une femme égoïste. Celle-ci détruit le bonheur, la paix, la stabilité de toute une famille pour vivre le caprice d'un nid d'amour de célibataires irresponsables: "Elle éloigne un homme de ses devoirs, de ses responsabilités, le transforme en lâche et elle appelle ça de l'amour!" L'épouse est scandalisée de son inconscience. Elle hait cette femme qui ne respecte rien, pas même ce fils qui adore son père, qui a besoin de son affection constante et de sa présence. La maîtresse oublie souvent qu'elle ne trouble pas que le bonheur de l'épouse. Elle bouleverse les habitudes d'un monde qui a sa manière de vivre depuis des années et elle exige que l'épouse assiste à ce drame en femme passive, qu'elle accepte le chambardement de sa vie en femme docile et résignée. Qu'elle se console ailleurs et autrement.

Chacune a sa version de l'amour et défend la sienne avec acharnement. Chacune trouve l'autre égoïste et blâmable. Mais en quoi diffèrent-elles vraiment l'une de l'autre?

Par sa ténacité amoureuse, la maîtresse ressemble beaucoup plus à l'épouse qu'elle ne le croit. La maîtresse s'illusionne beaucoup sur elle-même et sur ses limites. Elle aime se faire croire que si elle était à la place de l'épouse, elle réglerait les choses bien autrement. Elle aurait la dignité de le laisser sans embarras. "Elle se ferait une raison", pense-t-elle. Et l'épouse de lancer: "Si elle est si forte, qu'elle se fasse donc elle-même une raison et qu'elle me laisse mon mari!"

Finalement, en quoi la maîtresse est-elle si différente de l'épouse? Lorsque son amant lui apprend qu'il ne l'aime plus ou que tout est fini entre eux, est-ce qu'elle n'essaie pas de comprendre, est-ce qu'elle ne demande pas des explications, est-ce qu'elle ne s'accroche pas à son tour? Est-ce qu'elle ne voit pas dans cette attitude un privilège qui lui revient... "depuis le temps qu'on est ensemble"? ...

Il est facile de jouer les "détachées" quand on sait que la loi ne nous reconnaît encore aucun droit. Si la maîtresse se vante de n'avoir jusqu'ici rien revendiqué, peut-être justement ne pouvait-elle rien revendiquer...

La maîtresse dira souvent d'un air dégagé: "Il ne l'aimait plus. On n'attache pas ainsi les gens. Quand ce sera fini avec moi, je ne lui ferai pas d'histoire. On s'aime. Pour le moment, c'est très bien comme ça, mais on ne doit pas retenir un homme contre son gré." Et elle ajoutera: "Nous sommes parfaitement d'accord là-dessus." Elle se croit non seulement différente de l'épouse mais se juge supérieure à elle en parlant ainsi. En fait, il y a autant à craindre d'une maîtresse qui se prétend libérée que d'une épouse qui avoue ne pas l'être.

J'ai souvenir d'une amie qui s'est fait "enlever" son mari. Ce qu'il a fallu entendre cette année-là sur les "voleuses" de maris! Quelques années plus tard, lorsqu'à son tour elle rencontra un homme marié, sa version était tout autre. Son amant, le "pauvre", était marié à une femme impossible. Ce qu'il a fallu entendre cette année-là sur les femmes qui s'accrochent!

Pour l'épouse comme pour la maîtresse, l'homme est toujours "la" victime de "l'autre". L'épouse le dit subjugué par les charmes de l'une et la maîtresse le croit paralysé et possédé par les droits de l'autre. Il ne vient à l'esprit d'aucune que cet homme pouvait se complaire dans cette situation, qui ne l'amène pas à prendre position. Finalement, tout engagé qu'il soit dans les événements, il se mérite la bénédiction des deux: il se retrouve consolé, compris et déculpabilisé de toutes parts. Pour protéger un mari ou un amant, deux femmes apprendront à se haïr et à se mépriser sans même se connaître; et au centre de toute cette bataille se retrouve un mari qui semble étranger à ce combat.

On a toujours décrit l'amour comme un sentiment tendre et généreux qui, dans ses plus belles heures de poésie, pouvait aller jusqu'à l'oubli de soi pour le bonheur et l'épanouissement de l'autre. Mais dans la vie de tous les jours, le détachement semble moins facile.

La maîtresse, pour sa part, se demande pourquoi elle devrait se sacrifier pour le bonheur d'une épouse qu'elle ne connaît pas et qui abandonnera peut-être son mari d'elle-même un jour, lorsqu'elle rencontrera l'homme de ses rêves. "Après tout... rien ne garantit que cette femme lui sera éternellement fidèle... surtout après cet incident."

* * *

La maîtresse et ses angoisses

La maîtresse se résignerait peut-être à quitter son amant si elle pouvait s'assurer que l'épouse aime cet homme tout autant qu'elle-même, et surtout si elle pouvait être certaine qu'en agissant ainsi, elle ne cède pas sa place à une autre maîtresse qui saura mieux faire valoir ses droits et son amour. Elle ne voudrait pas entendre dire, quelques années plus tard: "Il a divorcé et s'est remarié..."

Si elle doit consentir à ce sacrifice, il ne faut pas que ce soit un geste inutile. Il faut que ce soit pour une femme qui le mérite. À quoi lui aura servi de s'être sacrifiée au profit d'une épouse si elle doit apprendre plus tard qu'une autre maîtresse moins conciliante a amené son ancien amant à se séparer de son épouse. Elle se sera oubliée pour épargner une famille; elle aura renoncé à son amour pour ne faire de mal à personne et finalement, le résultat sera le même, mais au profit d'une autre.

Se sacrifier, c'est parfois se faire remplacer par qui sait mieux se défendre. Lorsque l'ancienne maîtresse essaie de comprendre et de démêler les événements passés, elle est souvent aveuglée par ses propres tourments. Elle ne voit que l'ampleur et l'inutilité de son sacrifice.

Elle éprouve alors l'amertume de n'avoir pas su mieux se protéger et la rancoeur de n'avoir pas su penser à elle. Il lui est impossible de comprendre que l'époux n'était pas prêt au divorce ni à la séparation à cette époque. C'était la "première fois", sa première aventure, sa première liaison. Il ne savait pas exactement ce qu'il laissait derrière lui. Tôt ou tard, il aurait regretté.

Comment aurait-il pu se résoudre à tout quitter, tout abandonner sans savoir si ce qu'il laissait avait du prix? Il craignait d'avoir des regrets et de ne pouvoir faire marche arrière. S'il avait quitté son épouse à ce moment-là, il n'aurait probablement jamais pu être heureux, malgré tout l'amour de sa maîtresse, car il aurait toujours eu au coeur cette espèce de remords de n'avoir jamais connu l'étendue de ce qu'il avait perdu.

L'homme qui vit son premier amour extra-conjugal ne fait jamais un amant bien solide. Il est là, se demandant s'il ne devrait pas être ailleurs. La maîtresse doit continuellement le déculpabiliser d'être là, avec elle, et lui rappeler constamment la beauté de leur amour. Elle a beau lui répéter qu'ils ont droit au bonheur, il se dit qu'elle est trop intéressée pour être honnête.

Il est sans cesse tourmenté. Comment peut-il être sûr de la sagesse de ses décisions quand elles ont été prises sous l'influence de sa maîtresse? Après un certain temps de ce supposé bonheur, il ne peut faire autrement que de tout remettre en question. Faire passer l'amour au premier rang de sa vie, c'est bien joli, pense-t-il, mais encore faut-il être bien certain qu'on est vraiment amoureux avant de tout sacrifier.

Quand le bonheur tombe du ciel aussi facilement et que ce bonheur vient d'une seule et même femme, est-ce qu'un homme intelligent n'a pas le droit de s'interroger et de s'inquiéter...? Comment ne serait-il pas anxieux de l'avenir de ce bonheur quand, autour de lui, il voit chaque jour d'anciens amoureux, d'anciens inséparables... se séparer? Est-ce qu'il vaut la peine de faire souffrir tant de monde pour une aventure qui ne tiendra peut-être pas le coup bien des années...?

Avant de rendre son entourage malheureux, l'homme a besoin de s'assurer que cette nouvelle femme vaut vraiment ce gâchis. Ce serait trop bête, pense-t-il, de séparer une famille pour une femme qu'il ignorera ou méprisera peut-être dans quelques années.

La première liaison d'un homme qui avait une épouse charmante risque donc souvent d'échouer car il ne pourra surmonter ses premiers tourments, ses premières angoisses. Ne voulant pas précipiter les choses, il tentera une réconciliation avec son épouse. Cet essai peut être très bref et avoir pour effet de le ramener rapidement vers sa maîtresse; il se peut également que l'époux rentre chez lui avec de bonnes dispositions et qu'il réussisse, avec le temps, à oublier cette liaison. Quelques années plus tard, son union est à nouveau à la dérive; les relations avec sa femme ne se sont pas améliorées comme il l'espérait et tout est finalement redevenu comme avant. S'il rencontre alors une personne qui semble mieux lui convenir, il se dira: "Cette fois, je ne la laisserai pas filer", ou encore: "J'ai tout essayé avec ma femme, ça n'a pas marché; si je rencontre la perle rare, je ne m'en départirai pas."

La deuxième maîtresse récolte alors ce que la première avait semé et la première maîtresse pense alors avec nostalgie: "Moi, il ne m'a pas aimée, puisque pour celle-ci, il est allé jusqu'à se séparer de sa femme."

Il est difficile pour l'ancienne maîtresse de s'empêcher de comparer. Elle conclura facilement que son ancien amant a éprouvé plus d'amour pour cette autre maîtresse puisque pour elle, il a enfin eu le courage de se séparer de son épouse. Mais l'époux aurait sans doute agi de la même manière avec sa première maîtresse si le destin l'avait placée au second rang dans sa vie.

* * *

Il arrive souvent par contre que le mari ne soit pour rien dans la décision de la séparation. Il en était à sa deuxième liaison, sa deuxième folie... une sorte de rechute pour s'amuser; puis l'épouse le découvre, dit qu'elle ne pardonnera pas deux fois et c'est le divorce.

La séparation survient alors parce que l'épouse ne peut et ne veut plus pardonner, non pas nécessairement parce que le mari a trouvé la femme de sa vie. C'est donc très souvent à tort que la maîtresse oubliée se fait le reproche de n'avoir pas su garder son amant ou d'avoir démissionné trop tôt.

L'angoisse du mari: devoir faire un choix

L'homme se rebiffe intérieurement et refuse d'entendre ce qui pourrait lui rappeler ses erreurs. L'épouse se plaint alors de parler à un mort. Il est absent, et tous les sermons du monde ne peuvent rien pour le sortir des ténèbres.

Il s'est jeté dans la grande noirceur, rien ne sert de lui dire qu'il patauge dans l'obscurité, il le sait. Il a maintenant besoin de voir clair et veut trouver la lumière tout seul. Mais voilà: entre l'épouse qui essaie de le "raisonner" et la maîtresse qui essaie de le "kidnapper", il se trouve en plein cauchemar. Si la paix existe, où est-elle?

Lorsqu'il tente de revoir ses amours, les prochains mois lui semblent moins gais. Ses soirées n'ont plus rien désormais de la douce romance d'autrefois. Son agenda est devenu très sérieux: rencontre avec le comptable, le notaire, l'agent d'immeuble, l'avocat... sans oublier, parfois, le gérant de banque. Le bonheur facile est terminé et il est inquiet...

Pour être ainsi projeté du jour au lendemain dans une réalité pareille et ne pas en souffrir, il faut que la relation avec le conjoint n'en vaille véritablement plus le coup.

Si l'épouse lui apparaît encore suffisamment intéressante pour ne pas nécessiter le chambardement complet de sa vie, il choisira de continuer une vie raisonnable et paisible plutôt qu'un amour grisant... qui se complique. À ce moment-ci de son angoisse et de ses doutes, le mari ne se demande pas si sa maîtresse est merveilleuse, mais plutôt si sa femme ne l'est réellement plus. Dans l'euphorie de la nouveauté, une femme a pu lui paraître merveilleuse et, d'ailleurs, elle peut l'être; mais il se demande: "Suis-je vraiment amoureux de cette femme ou de la nouveauté de la situation... Suis-je simplement amoureux de ce piquant qui manquait à ma vie conjugale et si cela est, cela signifie-t-il que je doive abandonner femme et enfants pour vivre cette ivresse, sans savoir si l'ivresse durera... Et cette exaltation n'est-elle pas là justement parce que cette nouvelle femme n'est pas tout à fait à moi? Quand elle m'appartiendra et que je la verrai chaque jour, est-ce qu'elle ne finira pas par ressembler à ma femme... Est-ce que je suis en train de bouleverser mon univers pour finalement comprendre que l'échange n'en valait pas la peine?"

D'une question à l'autre, l'homme inquiet tend à se prouver qu'il vaudrait peut-être mieux pour lui de demeurer avec sa femme. Malheureux et pressé d'en finir avec ce choix, il en arrivera plus ou moins consciemment à provoquer des discussions avec sa maîtresse, affrontements qui lui permettront de dire: "Tu vois bien qu'on ne s'entend pas aussi bien que ça. Ce n'est pas mieux qu'avec ma femme, finalement."

La maîtresse ignore souvent, à ce stade-ci, qu'elle passe les épreuves préliminaires. Si elle tombe dans le piège, elle s'épuisera à vouloir lui cacher les problèmes quotidiens, se comporter mieux que "l'autre", bref, à rivaliser en tous points avec l'épouse, afin de garder son amant.

Cette compétition est gigantesque, surhumaine, et finira par l'épuiser. L'époux, enfin soulagé, aura désormais le prétexte qu'il attendait pour rentrer chez lui.

Il est triste d'avoir à reconnaître que la première maîtresse sert très souvent de première expérience. Elle est là pour faire prendre conscience à l'homme qu'il existe une autre sorte de relation que celle qu'il connaît avec son épouse. Elle lui fait découvrir qu'il existe autre chose que sa "vie à deux".

Cette nouvelle relation peut le rapprocher de son épouse à tout jamais ou le rapprocher pour un temps et l'en éloigner à nouveau; quoi qu'il en soit, à sa prochaine aventure ou liaison, il sera différent. Maintenant qu'il a vécu cette première expérience et qu'il en est revenu, il a pris le temps de regarder autour de lui. Il sait maintenant ce qu'il est prêt à quitter et connaît la valeur réelle des choses et des êtres qu'il risque de perdre.

Après avoir évité de justesse une première rupture, l'homme qui reprend par la suite une nouvelle maîtresse sait qu'il en est à sa seconde chance. S'il accepte d'en courir le risque, c'est peut-être que son mariage ne le satisfait vraiment plus, et lorsqu'il rencontrera la femme de ses rêves, il ne laissera pas le bonheur lui tourner le dos comme la première fois.

* * *

Chapitre 4

Fidélité — Infidélité

Le tourment de l'infidèle :
avouer ou dissimuler

Celui qui "trompe" l'autre se sent généralement coupable, bien qu'il ne l'admette pas toujours. Inconsciemment, il cherche une punition, il est prêt à expier sa faute et c'est finalement pour cette raison qu'il veut tant avouer.

L'homme qui se confie à son épouse lorsqu'une aventure est terminée ne le fait pas toujours dans le but d'améliorer sa relation avec sa femme, ni parce qu'il croit que le couple doit "tout se dire et ne rien se cacher" mais parce qu'il veut se débarrasser de sa culpabilité et mettre fin à ses remords.

Il se confie parce qu'il n'est plus capable de supporter les gentillesses de son épouse... après ce qu'il lui a fait. Il lui apparaît malhonnête d'accepter la douceur d'une femme qui devrait le châtier. Ne pouvant plus vivre avec sa culpabilité, il décide de se confesser une fois pour toutes afin de mettre un terme à son angoisse. Une fois qu'il se sera confessé, ce ne sera plus lui qui sera angoissé... mais sa femme.

C'est pourquoi ceux qui préfèrent dissimuler leur(s) aventure(s) diront souvent qu'en se confiant, l'homme n'agit pas par honnêteté mais par égoïsme. Celui qu'on serait tenté de qualifier a priori de malhonnête, d'hypocrite ou de dissimulateur dans ses relations avec son épouse prétend qu'il est tout simplement un homme adulte capable d'affronter tout seul ses remords et d'apprendre à vivre avec eux. Pour cet individu, il y a un comportement enfantin dans la recherche de la confession et de l'expiation. Cet homme selon lui ne viserait pas le bien-être de son épouse mais le sien. C'est comme s'il lui disait: "Vis à ma place quelque temps avec mes remords et donne-moi la punition que tu crois être la meilleure, je la supporterai." Le mari bouleverse alors l'existence de son épouse pour calmer la sienne ou apaiser les souffrances intérieures qu'il ne veut plus affronter seul.

Certains partisans de la "relation vraie" dans le couple vont conseiller l'aveu en toute circonstance... ceux évidemment qui n'ont pas à vivre et à consoler la femme trompée. Ils vous diront qu'on ne fonde pas son bonheur sur le mensonge et que la relation de couple sera faussée au départ si elle n'implique pas une confiance et une sincérité réciproques.

Sans contester aucunement le bien-fondé de cet énoncé, il faudrait peut-être reconnaître qu'il y a un certain cheminement à faire dans sa relation de couple avant d'en arriver là. Conclure que la relation de confiance et de sincérité mène davantage au bonheur que la relation de dissimulation, c'est peut-être anticiper sur les résultats. À vrai dire, en ce domaine comme ailleurs, on fonde son bonheur sur ce qu'on peut.

Le nombre de conjoints bouleversés parce que l'infidèle n'a pas su garder ce genre de secret plaide, pour certains, en faveur du silence. Il y a fort à parier que les adeptes acharnés de la "relation vraie" se retrouvent un jour ou l'autre dans le bureau du thérapeute... ou de l'avocat.

Il n'y a qu'à assister à quelques causes de divorce pour motif d'adultère pour réaliser à quel point la femme accepte rarement cet aveu du mari. Lorsque la requérante en divorce doit témoigner sur la façon dont elle a été mise au courant de l'adultère de son mari, rougissante elle répondra: "Il me l'a avoué."

La vérité se retourne alors contre celui qui la prêche, car la femme qui demande le divorce pour ce motif est peut-être de celles qui récusent foncièrement cette sorte de vérité. La femme qui est sur le qui-vive depuis qu'elle sait, depuis qu'elle doute, avouera souvent, par la suite, qu'elle aurait préféré ne jamais le savoir bien qu'elle ait pu convaincre son mari du contraire. Il n'est pas rare qu'après coup, les "questionneuses" deviennent très malheureuses.

Le mari, quant à lui, a quêté tant bien que mal l'absolution; mais le "va et ne pèche plus" qu'il a obtenu est parfois bien précaire. Sa femme n'est d'ailleurs pas dupe de ses promesses, car elles ne signifient pas pour autant qu'il ne recommencera plus. Pour elle, il est maintenant l'homme qui a réussi à lui camoufler habilement une liaison de plusieurs mois. Comment le croire par la suite maintenant qu'il a fait ses preuves... avec des alibis à toute épreuve? Comment lui faire confiance dorénavant.

Elle vivra donc désormais dans la crainte et l'angoisse de la récidive... "Et si la prochaine fois, c'était sérieux?" Est-il alors louable, se demandent certains, de créer un climat d'insécurité dans le seul but d'être honnête et sincère? La femme à qui le mari a avoué une infidélité a besoin plus que jamais de certitudes et de tendresse. Le mari devra redoubler les attentions pour mieux la rassurer et la convaincre de son amour. Il devra répéter les "je t'aime" et les "il n'y a que toi" avant... pendant... après l'amour!

Après un certain temps, alors qu'il croira tout rentré dans l'ordre, il redeviendra naturel et les "je t'aime" s'espaceront alors que les besoins de sécurité et de tendresse de son épouse seront toujours là. Chacune de ses rentrées tardives fera l'objet de longues explications, ou pire, du silence qui s'éternise. Elle aura tendance à se méfier constamment. Elle n'aura jamais plus l'âme en paix, et lui encore moins. Une fois que le doute est installé, le mal est fait.

Dans leurs moments d'intimité, "l'autre" sera toujours là. Elle imaginera son mari faire les mêmes gestes avec une autre... Elle voudra connaître "l'autre" davantage... pour comprendre. Comme s'il y avait souvent autre chose à comprendre dans l'infidélité que le besoin si naturel de se laisser troubler par l'imprévu, l'inattendu... jusqu'à ce que "l'inattendu" ne fasse plus d'effet.

Il n'y a pas toujours de grandes explications à l'infidélité, à part que certains peuvent résister à leurs désirs, et d'autres pas. Si l'homme était davantage sincère ou honnête, il ne chercherait ni excuse ni pardon et n'exigerait surtout pas de "l'autre" un examen de conscience.

Il pourrait parfois simplement dire: "J'ai fait l'amour ailleurs parce que j'en avais envie... parce que j'avais besoin d'autre chose... Tu ne dois pas nécessairement changer quelque chose car même si tu changeais ou si tu étais différente je n'aurais pu résister. Je me suis laissé tenter parce que la tentation me plaisait"; ou encore: "L'amour dans la fidélité ou la fidélité dans l'amour, ça ne correspond plus à rien chez moi."

Mais voilà... l'homme veut presque toujours que son désir qu'il considère comme "déraisonnable" soit la faute de quelqu'un: la sienne ou celle de sa partenaire.

Pourtant, bien des bourgeoises libres de leur temps trompent leur mari ou leur amant pour s'amuser, se distraire ou s'occuper tout en n'ayant rien à leur reprocher, alors que des femmes réellement abandonnées ou négligées restent fidèles et n'ont d'yeux que pour leur partenaire qu'elles devraient oublier ou à tout le moins tromper. Et pourtant, elles sont si fidèles dans leur malheur qu'elles prouvent que le fait d'avoir un motif valable ne suffit pas à faire de quelqu'un un infidèle. Si le fait d'avoir un motif faisait obligatoirement l'infidèle, les heureuses bourgeoises rentreraient chez elles et les malheureuses... feraient le trottoir!

* * *

Comment réagira la femme à qui le mari a avoué? Elle voudra généralement connaître "l'autre". D'abord, une description; puis, si possible... une photographie. Tout ce que son mari dira sur elle lui fera mal. Si la maîtresse était vraiment belle, elle doutera qu'il ait pu revenir vers elle par amour. Si elle était laide, elle ne comprendra pas qu'il ait pu la tromper pour une "moins bien". Elle qui avait l'habitude de ne redouter que les très jolies femmes craindra maintenant tous les genres de femmes.

Elle voudra également savoir si, quand il lui faisait l'amour, il lui arrivait de penser à elle, soit après, soit avant. Elle se sentira comparée dans tout ce qu'elle fera et elle aura peur; les comparaisons sont parfois si injustes. Si elle manque de confiance en elle, ou mieux, si elle a perdu la confiance qu'elle avait, ou qu'elle n'a pas d'aptitude au combat, elle croira la partie perdue d'avance et n'en souffrira que davantage.

Certains maris sont d'avis qu'on peut tout apprendre à une femme à condition de savoir attendre et choisir son heure. Les vacances deviennent alors le moment par excellence pour repenser le mariage ou la vie à deux et confier à l'épouse ce qui pèse tant sur le coeur.

Dans un tel climat de détente organisé aux frais du mari coupable, la femme sera forcément plus compréhensive. Elle sera si entourée et si royalement considérée que, ma foi, elle conviendra que la tromperie a ses bons côtés. Quant à lui, maintenant que le voilà blanc comme neige, lavé de ses péchés, il est prêt pour la seconde "lune de miel".

Mais voilà, un voyage est un voyage et une fois le roman d'amour achevé, il faut rentrer. Lorsque madame retourne à sa cuisine et à sa routine, le grand aveu remonte à la surface. Le mari rentré au travail n'est plus à son chevet pour l'entretenir de ses regrets; il est de retour parmi les loups. Il comprendra souvent sur le tard qu'il aurait mieux fait de passer ses vacances à autre chose qu'à se confesser. Quel que soit le moment choisi et la réaction immédiate manifestée, le résultat sera presque toujours le même: tôt ou tard la compréhension sera suivie de désillusion et, parfois, de dépression. L'orage éclatera avec retard, mais il éclatera.

D'autres maris croiront avoir vraiment réussi là où tant d'autres maris ont échoué. Ils diront: "Elle a tout compris, elle a tout pardonné. C'est une femme intelligente." Intelligente, oui. Assez en tout cas pour ne rien laisser paraître de ses émotions. D'une part, pour ne pas décevoir la confiance du partenaire et, d'autre part, pour ne pas bloquer d'éventuelles confidences.

Une femme intelligente se dit qu'elle doit être à la hauteur de la confiance que son mari lui témoigne: il lui a fait la faveur de lui dire ce qu'il aurait pu facilement lui cacher et ce, en risquant que cet aveu se retourne contre lui par une demande en divorce. Il n'y à pas à dire, il est courageux, pense l'épouse, et un tel aveu mérite d'être bien accueilli.

L'épouse réussira donc à camoufler provisoirement son bouleversement intérieur. Il le faut... pour qu'à l'avenir elle soit à nouveau la première informée des incartades du mari. Tout cela est bien touchant, mais un rôle pareil ne peut se jouer jusqu'à la fin sans quelques larmes en coulisse. Elle a réagi trop calmement ou plutôt, elle n'a pas réagi, en apparence du moins. Comme elle ne peut "faire semblant" toute une vie, elle panique après coup. Lorsqu'elle est seule, qu'il la quitte pour trop longtemps ou qu'il ne peut l'amener en voyage, elle n'ose lui confier ses inquiétudes. L'aveu lui revient en mémoire et commence à miner tranquillement sa confiance.

C'est le début d'un cauchemar qui n'en finira plus: "Où est-il? S'il y avait une autre fois, est-ce qu'il me le dirait? J'ai peut-être trop montré mon chagrin... ou pas assez. Je n'aurais pas dû faire une crise la dernière fois qu'il est parti. J'ai perdu sa confiance, il ne me dira plus rien..."

C'est quand l'épouse vit cette sorte d'angoisse, jour après jour, qu'elle commence à regretter le temps heureux où elle ne savait rien. Au lieu de questionner et "d'enquêter", elle regrette maintenant de ne s'être pas simplement "approchée" de lui. Comment être une bonne amante quand on est angoissée et qu'on essaie de vivre comme si on ne l'était pas?

Quant à lui, la vie lui est devenue insupportable. Quoi qu'il fasse, il se sent éternellement soupçonné. Même quand elle ne dit rien, il se sent épié. Lorsqu'il voudrait faire des heures de travail supplémentaires ou simplement s'attarder chez un copain, il éprouve de l'anxiété s'il ne trouve pas un téléphone pour avertir sa femme qu'elle peut le joindre à cet endroit.

Parce que l'époux, au moment où il se décide à faire ce genre de confidence à l'épouse, n'aime habituellement plus l'autre personne pour laquelle il avait délaissé sa femme, pour lui l'affaire est classée. Parce que le danger est passé, parce que, selon lui, elle n'a plus de raison d'être jalouse, le mari croit à tort que l'épouse n'en fera pas un drame. Il croit que l'épouse ne peut être jalouse d'une femme qui a reçu son congé.

Les maris ont l'habitude de répondre en toute bonne foi: "Puisque je suis revenu, ça prouve que c'est toi que j'aime." Mais l'épouse n'est pas dupe; il y a tant de raisons qui n'ont rien à voir avec l'amour qui font qu'un homme revienne chez lui. La culpabilité, les enfants, l'argent... sans oublier la maîtresse, qui a pu retourner le mari à l'épouse.

Il existe bien sûr des femmes qui peuvent obtenir une telle confidence et par la suite l'assumer. Certaines femmes attirent le mensonge comme d'autres attirent la vérité; il faut reconnaître que, bien souvent, les gens ont la vérité qu'ils méritent. L'homme qui dissimule une liaison ou une aventure est souvent un homme qui ne dissimulerait pas s'il avait un autre genre d'épouse ou encore si son aveu pouvait vraiment améliorer sa vie. Généralement, il a assez vécu pour savoir que la plupart des aventures deviennent ternes après quelques mois et il vit son euphorie en se disant qu'elle aura une fin. Pourquoi alors troubler la quiétude d'une femme qu'il ne veut pas quitter... Pour qu'elle devienne impossible à vivre? Pour lui, l'infidèle qui use de discernement sait pressentir l'impact de ses aveux: arrangeront-ils les choses ou contribueront-ils à les envenimer? En d'autres mots: "Est-ce que l'autre a la capacité de recevoir mon aveu et de vivre avec mon aveu, sans troubler son univers... et le mien."

Chose certaine, celui qui croit que sa femme comprendra parce qu'elle est intelligente devrait plutôt se dire que si elle est véritablement intelligente, elle doutera. L'intelligence et la façon de réagir aux émotions et aux déceptions ne vont pas toujours de pair. Se fier aux bonnes grâces d'un soir peut amener des déceptions. Certaines femmes sont compréhensives un soir et inquiètes le lendemain. Celles dont les théories sur l'amour varient selon les humeurs, les saisons... et le bon vin, sont les plus vulnérables.

* * *

Il y a des maris qui aiment encore leur femme en dépit de leurs infidélités constantes ou occasionnelles et d'autres qui n'aiment plus leur femme... même s'ils lui sont encore fidèles. Parmi les gens fidèles, il n'y a pas que des gens heureux qui savent apprécier leur bonheur. Il y a des gens qui ont assez vécu pour vouloir se reposer... d'autres qui ont une carrière à ce point accaparante que le temps et l'énergie leur manquent pour les émotions de ce genre... d'autres qui n'ont tout simplement pas la santé pour mener une double vie... et d'autres enfin, qui veulent vivre sans complications et sans histoires.

La fidélité n'est donc pas toujours la résultante d'un grand amour. Parmi ceux qui battent leur femme, on trouve des hommes fidèles et parmi les femmes qui méprisent, dénigrent, dédaignent ou ignorent leur mari, on trouve aussi des femmes fidèles. Il serait peut-être temps qu'on commence à valoriser autre chose dans l'amour que la fidélité à toute épreuve... et pour toute une vie!

* * *

Si on arrêtait de parler de fidélité en termes d'équilibre du couple ou comme idéal à atteindre, la fidélité semblerait moins pénible et ferait moins peur, car ainsi décrite, elle semble un objectif lointain, contraignant et douloureux, excluant toute notion de plaisir.

Dès le moment où l'homme s'impose un résultat, un but, il a l'impression de "faire pénitence" et de devoir souffrir pour y arriver. Dès lors, la fidélité n'est plus pour lui cette chose naturelle qui s'installe en même temps que l'amour mais cette sorte de devoir, cette chose contraignante que l'homme doit s'imposer ou à laquelle il doit aspirer pour avoir le droit de parler de sa relation ou de son mariage en termes de réussite.

En démystifiant la fidélité, l'épouse s'éviterait le chagrin de penser: "Il ne m'aime plus", et la maîtresse s'épargnerait les mêmes souffrances et les mêmes désillusions sur l'amour. Très souvent, lorsqu'un homme marié, reconnu pour être "sérieux et réfléchi", se rend jusqu'à l'infidélité pour une femme, celle-ci commence à se faire des illusions sur la relation qui s'ensuivra. Parce que cet homme n'a pas la réputation de "butiner" ni de s'amuser, le fait qu'il trompe sa femme "avec elle" revêt sitôt à ses yeux une grande importance. Il ne la trompe pas *avec elle*, mais *pour elle*. Elle en concluera rapidement qu'il passe par un moment difficile dans sa relation avec sa femme ou alors elle pensera qu'elle lui plaît véritablement. En conséquence, lorsque la maîtresse rencontre ce genre d'individu, elle commence déjà à rêver et à se donner un pouvoir dès la première nuit. Son raisonnement se bâtit alors comme suit: "Cet homme-là est infidèle parce qu'il n'aime plus sa femme. S'il n'aime plus sa femme, il y a des chances qu'il m'aime ou qu'il finisse par m'aimer."

Avec un autre homme, reconnu pour ses nombreuses aventures, elle ne se serait pas accordé cette importance. Elle aurait su qu'elle était destinée à disparaître en même temps que le désir. Elle accepte donc les avances de cet homme "sérieux" pour finalement comprendre, quelques mois plus tard, qu'il est à ce point "sérieux" qu'il est retourné auprès de sa femme.

* * *

À partir du moment où deux êtres décident de vivre ensemble, on voudrait qu'ils n'aient plus le droit de penser ou d'agir "tout seul". Il n'est pas surprenant qu'après un certain temps, l'un des deux ne puisse plus supporter cet encadrement.

Dans cette sorte de relation, ce n'est pas le fait d'avoir vécu des émotions ailleurs qui est malhonnête mais le fait de ne pas les avoir signalées à l'autre. "Nous avons convenu de tout nous dire" jusqu'au jour où l'un des partenaires se révolte et a le goût de crier: "Mes désirs m'appartiennent, mes tentations m'appartiennent et mes émotions m'appartiennent."

On a tous vécu, dans le passé, la relation mère-enfant, la relation professeur-élève et nous sommes tous heureux d'être enfin libérés des "comptes à rendre". Pourquoi enseigner à recréer des prisons dans l'amour? Si on veut pouvoir vivre toute une vie auprès de quelqu'un, n'aura-t-on jamais, au cours de cette longue vie, le droit d'avoir des pensées "tout seul" en tant qu'individu, de devoir se débrouiller avec les questions, qu'elles nous amènent et prendre position face à elles sans avoir toujours en tête cette obsession du couple auquel on appartient? Finalement, dans la relation avec l'autre, a-t-on le droit d'être d'abord un individu avant d'être un couple?

Si on oblige les partenaires à se demander: "Pourquoi tu as fait ceci?", ou encore: "Voyons ensemble ce qui n'a pas marché", on retrouve un couple composé de la "bonne mère pardonneuse" d'un côté, et du fils coupable de l'autre.

L'épouse, qui n'aime pas avoir une attitude maternelle avec un homme, échoue dans ce genre de relation et l'homme qui aime affronter ses dilemmes et s'en sortir seul se retrouve avec une aide, une intervention ou une compréhension dont il n'a aucun besoin.

En agissant de la sorte, on accorde une importance à un fait peut-être insignifiant pour l'autre et pire, on le rend coupable d'avoir commis une faute au sujet de laquelle il doit s'expliquer.

Et qu'est-ce qu'il faudrait expliquer parfois...?Que ce soir-là, le coucher de soleil était magnifique... que la musique était on ne peut plus... invitante, qu'après cinq verres de scotch, une ravissante blonde a fait son entrée... et qu'au lever du soleil, un homme s'est souvenu qu'il avait une épouse, quelque part, qui l'attendait.

* * *

L'histoire de Gérard

Gérard avait une très belle femme et personne n'arrivait à comprendre ses nombreuses aventures. Autour de lui, on commençait à le trouver malhonnête. Non pas de mener une double vie, mais de ne pas en informer sa femme.

Pour tous, elle avait le droit de savoir. Il ne se passait pas une journée sans que les copains ne lui reprochent d'abuser d'une aussi belle femme de la sorte.

"À la fin, je ne me sentais pas coupable envers ma femme mais envers les copains qui me jugeaient, confia Gérard. J'ai donc avoué, non pas parce que je me sentais coupable mais parce qu'autour de moi, on me faisait sentir coupable. Je ne pouvais plus supporter d'être perçu comme méprisable parce que je n'avouais pas.

"Dorénavant convaincu que j'étais malhonnête, je décidai de tout avouer à ma femme. Ce que je voulais, c'était que ma femme me pardonne et que les copains ne puissent plus m'accuser de la leurrer. Le problème, c'est quand il a fallu expliquer pourquoi je l'avais tant de fois trompée. Sincèrement, je ne trouvais pas de raison qui puisse me justifier. Comme elle attendait de pied ferme mes explications et que j'ai du talent pour le cinéma, je lui ai monté le plus beau des scénarios. À la fin, c'est elle qui me demandait pardon.

"Je lui ai rappelé son "refus" d'un certain soir où j'étais entré à quatre heures du matin avec le désir de lui faire l'amour et qu'elle avait préféré dormir. La vérité, c'est que ce soir-là, je n'avais même pas envie de faire l'amour. Sincèrement, je crois que je planifiais des situations qui serviraient ma cause. J'ai invoqué cette autre fois où elle m'avait dit des choses prétendument horribles qui m'avaient affecté. La vérité, c'est que non seulement je les méritais mais que j'ai également un très bon sens de l'humour et la voir se mettre en colère m'a toujours attisé... jamais affecté.

"J'ai longtemps cherché la vraie raison de mes infidélités pour finalement comprendre qu'elles étaient reliées à mon travail et à mon tempérament. À cette époque, j'étais représentant pour une compagnie et ma vie se passait à l'extérieur de chez moi. Habiter une chambre d'hôtel seul, soir après soir, sans s'ennuyer, c'est bon pour les intellectuels ou les gens capables d'accepter leur solitude."

Gérard n'est pas un intellectuel et la solitude le déprime. Il adore rencontrer des gens de toutes sortes et se faire des amis dans toutes les villes. Il a cependant épousé une femme très distante, tout le contraire de lui. Il convient aujourd'hui que, par instinct de possession, il avait choisi une femme inaccessible et hautaine pour qu'en son absence elle puisse assumer sa solitude. Il voulait une épouse fidèle et savait que son travail lui laisserait de trop nombreuses occasions de se distraire. Il n'était donc pas question pour lui d'épouser une personne de commerce agréable... comme lui.

Pourtant, le soir de "l'aveu", il lui reprocha d'être une femme qui prenait trop ses distances vis-à-vis des gens. Il ajouta qu'étant de ""nature contraire"", il en souffrait beaucoup, ce qui l'avait amené à fréquenter des femmes plus fiévreuses. En réalité, il en avait fréquenté de tous genres. Il se garda bien de préciser que cette "nature contraire" qu'elle possédait était sa sécurité lors de ses absences prolongées...

Quand un homme ne veut pas perdre une femme, que ce soit la sienne ou celle d'un autre, la seule vérité qu'il trouvera à dire sera celle qui... lui ramènera sa femme.

Qu'est-ce que la vérité?

Serait-elle finalement une illusion... Comment savoir ce qui nous a réellement poussé à une infidélité à un moment précis de notre vie. Que valent les recherches les plus honnêtes, les réponses ou les explications qu'on trouve après coup. Très souvent on n'ose pas franchir certaines limites. On se contente de ce qui "saute aux yeux" et celui qui porte l'angoisse de la faute n'est pas nécessairement le vrai coupable.

Choisir de se dire la vérité consiste en quoi finalement. Dans beaucoup de cas, il semble qu'on la déforme un peu pour ne pas faire de chagrin. Finalement, cela n'équivaut-il pas à mentir pour dire la vérité?...

On a tous en soi, par décence, par gentillesse, le besoin ou l'instinct de "ménager" l'autre lorsqu'on s'explique sur ses infidélités. Et on se retrouve avec des vérités truquées, pour ne pas faire de mal. On cesse alors de frapper dès que l'autre gémit. Ainsi, l'infidèle ne voulant pas faire de peine à son conjoint dira-t-elle: "J'étais fatiguée de faire l'amour avec un obèse et je voulais, une fois dans ma vie, être dans les bras d'un homme normal."

C'était là pourtant la véritable raison de la liaison de Diane avec un homme très svelte. Cela se disait-il au conjoint et si cela se disait, où cela mènerait-il puisqu'il avait décidé d'accepter son obésité, qu'il n'était pas question pour lui de se lancer dans un régime sévère. Il avait décidé de s'aimer et Diane l'avait même encouragé en ce sens.

Diane n'a donc dévoilé qu'une partie de la vérité: "Je suis désolée. Je ne sais pas ce qui m'a pris. Je n'ai rien à te reprocher. Je crois que je voulais connaître autre chose. Voilà, c'est tout." Mais ce n'était pas tout. L'autre partie qui aurait pu faire de la peine: "Tu es obèse", elle l'a tue.

Le conjoint qui quête la vérité, qui harcelle, qui demande des comptes, veut-il vraiment entendre la vérité, ou ne recherche-t-il pas au fond à avoir l'occasion de s'expliquer ou de se défendre? Lorsqu'il sait que l'autre lui a été infidèle, est-ce qu'il n'a pas enfin la possibilité d'attirer l'attention de "l'autre" sur ses qualités, ses mérites, ses vertus qui font "qu'il ne mérite pas" ce qui arrive?... Est-ce qu'il n'a pas enfin l'occasion de se mettre en valeur?...

Celui qui veut vraiment connaître la vérité sous prétexte que c'est là son droit devrait s'attendre à recevoir la vérité sans aucun ménagement. Mais voilà, très souvent, lorsqu'il apprend la vérité sans ménagement, il crie: "Tu es un monstre!"

Et Diane s'est laissé dire: "Tu n'avais aucune raison de faire cela." Mais, en supposant que Diane ait expliqué le véritable motif, cela n'aurait sans doute rien changé. Le mari obèse aurait eu le droit à son tour de riposter: "Quand tu m'as épousé, tu savais que j'étais ainsi et tu l'acceptais."

Comment prétendre dire la vérité afin de trouver une solution si on cache la partie qui fait mal? Comment trouver une solution à un problème quand on cache la moitié des données? Et comment peut-on se prétendre partisan de la vérité... en usant de dissimulation!

D'autre part, comment espérer la vérité lorsqu'on sait que, règle générale dans le couple, il y a presque toujours un fort et un faible, un dominant et un dominé. Il y a toujours un conjoint plus avantagé que l'autre, qui manipule mieux les mots, les raisonnements. Est-ce qu'il ne devient pas tentant pour le plus fort d'orienter la vérité dans le sens qu'il la voit lui-même? Est-ce que l'autre a la capacité, le langage d'apporter une autre vérité et de la faire valoir ou n'est-ce pas toujours le même qui amène l'autre à découvrir la vérité? SA vérité.

Le manipulateur n'est pas toujours conscient d'interpréter les événements à son avantage. Même lorsqu'il s'accuse, il a un tel talent qu'on a envie de l'innocenter avant même qu'il ait fini sa confession. Trouve-t-il dans son conjoint un adversaire qui puisse véritablement l'affronter, lui faire prendre conscience d'une autre sorte de vérité ou n'est-il pas en face de quelqu'un qu'il manipule aisément et qui s'incline devant la force de ses arguments? Alors, en quoi la vérité dans un cas pareil pourrait-elle améliorer leur relation...

C'est très souvent à tort que certains pensent vivre une relation basée sur la franchise. Pour beaucoup finalement, la "relation vraie" s'arrête simplement à admettre un adultère, car la seule chose qui soit vraie et qui ne puisse être déformée, c'est l'aveu de l'infidélité. Pour le reste, on essaie de comprendre ou d'être compris et alors, cela nous amène les pièges de la justification, de la pitié et de tout ce que nous suggère l'émotivité... et le talent!

L'histoire de Daniel

Daniel se prétend un adepte de la "relation de franchise". Il a, selon ses dires, réglé la question de l'infidélité une fois pour toutes. Il a convenu avec sa petite amie que l'homme est polygame et que, par conséquent, les aventures qu'il aurait inévitablement avec d'autres femmes ne signifient rien et ne peuvent en rien affecter la relation qu'il a avec elle. Il a aussi ajouté que, en règle générale, la femme satisfaite sexuellement est monogame!

En réalité, Daniel veut continuer une relation confortable basée sur "sa" nouvelle philosophie de l'amour: pouvoir "tout" se permettre, en ne perdant pas sa petite amie et en vivant une relation de franchise... pour ne pas avoir à revivre les angoisses, les culpabilités et les remords qu'il a connus autrefois auprès de sa femme.

Est-ce véritablement une "relation vraie" que Daniel recherche ou sa propre sécurité à travers une relation de "permission"?

Après une aventure, il n'a qu'à dire: "C'est toi que j'aime en dépit de"... et tout est classé. En conséquence, au cas où ça n'irait pas à sa convenance avec les femmes qu'il rencontre, il se "ménage" l'autre. Il sait que "l'autre" l'attend et qu'elle ne lui fera pas de reproche sur ses infidélités. Il a pris la précaution de l'informer que ces choses-là arrivent dans la vie d'un homme et que c'est normal.

Qu'est-ce donc que dire la vérité parfois, sinon la déformer pour mieux se justifier, rendre l'autre coupable ou se faire pardonner? Quant au masochiste, instinctivement, il se décrira pire qu'il n'est pour mériter la cravache. La vérité de Daniel consiste à admettre ses aventures. Pour le reste, n'a-t-il pas trouvé une vérité qui puisse servir sa thèse... et ses intérêts!

Je suis un homme normal

Il n'est pas rare que le mari accusé d'adultère dans une cause de divorce se présente au bureau de son avocat en disant: "Je suis un homme "normal". Vous en connaissez beaucoup d'hommes qui n'ont jamais trompé leur femme, vous?''

Lorsque l'homme veut faire accepter ses infidélités, il se croira toujours obligé de se référer à la normalité pour être compris. Quant au mari fidèle, il sera à ce point convaincu d'être une exception qu'il se permettra d'avoir tous les autres défauts en disant: "Après tout, on ne peut pas tout avoir.''

On a tellement exagéré l'importance de la fidélité dans l'amour que celui des conjoints qui est fidèle croit que son devoir s'arrête là. C'est pourquoi l'épouse qui veut se séparer parce que son mari a eu une ou des liaisons dira fréquemment: "Ce n'est pas moi qui ai commencé le bal. C'est lui qui sort. En conséquence, le coupable c'est lui.'' Elle se prétend l'épouse parfaite car, contrairement à son libertin de mari, elle attend sagement au logis le retour de son infidèle.

Quant à lui, il pourrait très souvent alléguer la cruauté mentale contre sa femme mais, dans sa naïveté, il est convaincu de ne rien pouvoir lui reprocher puisque... "elle ne sort pas, elle''!

Il tentera donc simplement de se justifier. C'est une apathique, dira-t-il, heureuse dans sa suffisance de ne rien connaître... à part quelques recettes de cuisine et encore, quelle cuisine!

Il ne trouve plus rien de très excitant à coucher avec celle qui entretient ses vêtements même s'il reconnaît que c'est bien pratique. Par conséquent, il a su profiter de ce qu'elle avait à offrir. Pour le reste, il s'est adressé ailleurs.

Pourquoi l'a-t-il épousée? Parce qu'il fait partie de cette catégorie d'hommes pour qui être un mari trompé est tellement dramatique qu'il s'est empressé d'épouser la première femme "de devoir" qui se trouvait sur son chemin. Il espérait d'elle qu'elle soit une bonne mère, une épouse fidèle et, en dernier lieu, une maîtresse passable. Pas trop exigeante et pas trop compliquée!

Finalement, il a tout ce qu'il a réellement désiré et il en est si conscient qu'il n'ose pas demander le divorce. Elle correspond à ses critères les plus importants. Il n'a donc aucun motif de vouloir la quitter... uniquement celui de la tromper!

* * *

Le bonheur... d'avoir un mari fidèle

Bien des femmes foncièrement malheureuses à l'intérieur du mariage endurent patiemment leur sort parce qu'elles s'estiment bien chanceuses malgré tout; elles ont évité le pire: elles ont encore un mari fidèle. La fidélité est à ce point importante pour certains conjoints que celui qui s'en trouve épargné est souvent prêt à supporter n'importe quoi d'autre en échange. Ainsi, l'épouse du tyran ne réalise même pas qu'elle vit une relation traumatisante et elle mettra des années à le comprendre avant de réagir parce qu'après avoir vérifié scrupuleusement les moindres détails, elle réalise qu'il n'y a pas d'autre femme dans la vie de son mari. Cela suffit à la consoler... du moins pour un certain temps. L'épouse dira: "Il me néglige, il me maltraite mais je sais qu'il m'aime parce qu'il ne sort pas avec d'autres. Il a bien des défauts mais pas celui-là... D'ailleurs, je ne l'aurais pas supporté."

Finalement, l'épouse qui n'est pas trompée par son mari ou qui l'est sans le savoir ira souvent à la limite de ses forces physiques et morales, avant de se séparer. S'il n'y a pas d'adultère, pas de maîtresse en vue, il reste une possibilité d'arranger les choses et ce, même si le mari est par ailleurs insupportable. Dans son esprit, le pire est alors évité.

L'épouse dira également: "Je ne sais pas si j'ai une cause valable de divorce. On ne peut pas dire que ce n'est pas un "bon mari". Il ne boit pas, il ne sort pas avec les femmes non plus. Jamais il n'a levé la main sur moi. Côté argent, je n'en ai jamais manqué." On a presque envie de lui dire: "Mais de quoi vous plaignez-vous?..." "La vérité, c'est qu'il a un caractère impossible, que ses colères sont démesurées. Parfois, lorsque les crises sont terminées, il regrette et me dit: "Je ne sais pas comment tu fais pour m'endurer. Tu as bien du mérite."

"Il est conscient de ses torts mais, c'est plus fort que lui, il est fait comme ça. Quand il se fâche, il perd tout contrôle et devient violent. Il ne sait plus ce qu'il dit et me traite de n'importe quoi en présence des enfants. Dans ce temps-là, il ne faut pas se trouver sur son chemin. Les enfants et moi, on l'a tous supporté longtemps. Là, je n'en peux plus. Ces sautes d'humeur sont imprévisibles. On est tous extrêmement nerveux. On ne sait jamais, d'une journée à l'autre, ce qui nous attend."

Lorsqu'il rentre de bonne humeur, l'épouse est tellement heureuse d'éviter sa colère qu'elle s'évertue à être reconnaissante. Elle le sert comme un prince. Elle perçoit sa bonne humeur comme une faveur qu'il lui fait. Le lendemain, alors qu'elle s'apprête à le recevoir avec le même empressement, il la repousse avec rudesse. L'homme gentil de la veille n'existe plus. Elle ne comprend pas. Tout ce qu'elle sait, c'est qu'elle doit s'efforcer de ne pas trop paraître sur son chemin, en attendant sa prochaine bonne humeur.

Souvent, ce sont les enfants eux-mêmes qui, rendus à bout, supplient leur mère de divorcer. Lorsqu'elle se décide enfin à intenter des procédures, elle aura supporté pendant des années toutes sortes de comportements injurieux et humiliants. Parce que l'épouse a évité le désastre d'avoir un mari alcoolique, infidèle ou qui la bat et que, par surcroît, elle a la chance d'avoir un mari qui assume correctement son rôle de pourvoyeur, elle sera gênée de se plaindre ou d'espérer mieux, bien qu'il puisse terroriser toute la famille. Et elle le décrira souvent comme un "bon mari malgré tout", dont l'unique défaut est d'avoir mauvais caractère.

Durant les premières années de mariage, elle a tenté de lui faire comprendre qu'elle n'était pas heureuse, en pesant bien ses mots, pour ne pas le vexer. Il ne lui a même jamais laissé la chance de finir son exposé en lui répondant que de toute façon, il la connaissait suffisamment pour savoir qu'elle ne serait jamais heureuse nulle part. Selon lui, son malheur venait du fait qu'elle ne savait pas apprécier ses nombreuses qualités. Puis, il terminait en l'accusant de toutes sortes de torts qu'elle n'avait pas et en précisant que c'était "tout ça" qui excitait sa colère.

Avec les années, elle a renoncé à la discussion car la seule chose qu'elle en retirait, c'était qu'il l'amenait à croire qu'elle était responsable de ses sautes d'humeur. Même quand elle ne faisait rien, elle était responsable de ce qui lui arrivait. Ainsi, s'il lui arrivait de se brûler sur un feu qu'il avait lui-même ouvert, ce n'était pas à cause de sa maladresse ou de son oubli mais parce qu'elle avait laissé traîner quelque chose qui ne devait pas être là. Il déblatérait alors durant des heures contre cette "insignifiante" épouse en se demandant comment il pouvait faire pour la tolérer dans sa vie. Il saccageait presque tout dans la maison. Se sentant responsable de cette colère, elle s'obligeait à replacer les objets qu'il avait lancés contre les murs quand il ne les avait pas cassés. Si devant ce spectacle, les enfants commençaient à pleurer, il hurlait: "Fais-les taire!"

Bien des années plus tard, lorsqu'elle veut le quitter, il la retient en la culpabilisant de ne pas apprécier à leur juste valeur ses côtés positifs. Il énumère à nouveau ses nombreuses qualités. Elle doit reconnaître que... "là-dessus, il n'a pas tort". Le moment est venu pour lui d'ajouter une liste de défauts insupportables qu'il n'a pas. Finalement, l'épouse en arrive à croire qu'elle est malheureuse sans raison. Parce qu'il a eu la finesse de comparer son sort à celui d'autres femmes tellement plus à plaindre qu'elle. Il est vrai qu'il l'a déjà assaillie mais, ajoute-t-il, c'était elle qui l'avait provoqué et puis, il ne lui a jamais fait de fractures... et puis, ce n'est pas arrivé si souvent que ça! Il la domine à ce point qu'elle en arrive à douter de vivre une situation assez dramatique pour se séparer. Elle prend alors la résolution de ne plus écouter lorsqu'il parle. C'est simple, se dit-elle, je me ferai croire qu'il parle à quelqu'un d'autre. Comme ça, je ne pourrai pas me faire de chagrin.

Lorsqu'elle consulte l'avocat pour divorcer, elle n'est pas certaine de faire une bonne affaire. Elle a peur. Peur de ce qu'il dira. Peur qu'il n'aime pas ce dont on l'accusera dans les procédures. Elle voudrait qu'on ménage sa susceptibilité... "n'écrivez pas ça, je le connais... il ne me le pardonnera jamais". C'est la première fois qu'elle lui fait face, c'est déjà beaucoup pour elle. Pour le reste, elle a non seulement peur de l'accabler mais ne s'en reconnaît pas le droit. "Au fond, je vous assure qu'il était un bon mari... son seul défaut, je vous le dis, c'était son caractère."

Comment réagir à l'infidélité de l'autre

Que répondre à cela sinon... "en prendre son parti"; en effet, quelle que soit la réaction de l'épouse, ce ne sera jamais la bonne. À quoi sert de vouloir raisonner un homme qui ne raisonne plus, tellement son coeur est ailleurs...

Elle le regarde se faire beau pour elle et ne sait plus comment réagir, pour lui faire comprendre qu'elle sait. Il vaudrait presque mieux l'ignorer car il la méprisera dans tout ce qu'elle dira ou fera qui pourrait nuire à ses nouvelles amours.

Il aura le diagnostic rapide et sûr: dès qu'elle ouvrira la bouche, ce sera inévitablement dans le but de "prêcher pour sa paroisse". Elle lui parlera des enfants: elle fait du chantage. En femme réaliste, elle lui parlera de pension alimentaire: elle veut le ruiner par vengeance. Elle voudra alors qu'il s'en aille pour le bien de tout le monde: elle veut l'empêcher de voir ses enfants par méchanceté. Elle voudra partir et lui laisser la garde des enfants: elle est une "sans-coeur". Elle voudra laisser la place à l'autre: son aventure l'arrange. Elle fera une crise de jalousie bien légitime: elle n'est plus supportable. Bref, elle le fatiguera et, épuisé, il ira dormir dans les bras de sa douce maîtresse compréhensive pour se plaindre des scènes de jalousie intolérables dont il est victime. Pour lui donner une leçon et se reposer, il restera peut-être deux jours sans rentrer à la maison. Au retour, elle pleurera. Alors, c'est le comble: elle joue du sentiment pour l'attendrir.

D'autres épouses enfin consulteront astrologues, devins, psychiatres, avocats afin d'avoir un avis... dont elles ne tiendront aucun compte, le moment venu. D'autres enfin fermeront les yeux, priant tous les saints du ciel que cet amour lui passe, comme sa crise d'adolescence. Elles sont peut-être finalement plus près de la vérité qu'on ne le pense, car à quoi sert une scène de jalousie, même justifiée, si ce n'est à épuiser celui qui la fait et à fatiguer celui qui la subit. Qu'y a-t-il de plus frustrant que d'accuser quelqu'un qui n'admet pas ses torts et pire, qui tente d'amener l'autre à se sentir coupable.

À ce stade-ci de son amour pour "l'autre", l'homme vit ce qu'on pourrait appeler une période euphorique et ne souffre pas d'être dérangé dans son bonheur. Un "rien" pourrait justifier son départ ou sa colère. C'est pourquoi, très souvent, dans les premiers mois d'une aventure, il est très délicat pour l'épouse d'approcher son mari dans le but de lui faire avouer sa liaison ou de... dialoguer!

Il ne veut ni avouer ni expliquer ce qu'il vit. Il veut le vivre. Ce n'est pas par hypocrisie ou parce qu'il veut cacher ses aventures qu'il ne se confie pas mais parce qu'il est jaloux de son bonheur. Concentré sur cette passion, il ne veut pas en sortir. Tout ce qui pourrait le ramener sur terre le contraint. Il est heureux dans son monde et voudrait pouvoir y vivre dans la paix. Dans la phase du "grand amour", toute tentative de discussion risque de dégénérer en sentiment de haine contre "celle" qui dérange. L'amoureux veut s'enfermer, s'isoler avec son bonheur. En conséquence, si l'épouse tente à ce moment de le raisonner, de le confronter à ses devoirs ou de l'acculer à faire un choix, elle risque simplement de le rendre agressif envers elle. L'épouse désespérée dira: "Je ne le reconnais plus. Il n'avait jamais levé la main sur moi."

C'est très souvent à ce moment-là que l'épouse se met à détester la maîtresse. Elle la déteste à cause de ce pouvoir qu'elle a sur lui et qui se retourne contre elle: non seulement elle l'a rendu amoureux mais il en est venu à la violenter sans raison. Il n'y a pas de quoi s'en faire une amie!

Si l'épouse insiste pour faire reconnaître son amour à ce moment-ci, elle ne fera qu'augmenter la répulsion qu'il a pour elle. Pour l'instant, il la déteste, la méprise et ne peut même plus souffrir de la voir. Il est révélateur qu'il se soit mis à la haïr au moment précis où elle est intervenue dans sa liaison. Est-ce bien sa femme qu'il déteste ou le fait qu'elle soit venue le tourmenter au mauvais moment?

Il y a différentes phases dans l'amour et l'homme amoureux ne souffre pas qu'on l'approche, à cette étape-ci. Il rêve... aime son rêve... et fuira toute personne qui voudra le sortir de son monde.

Lorsque l'époux quitte sa femme à ce moment-là, c'est très souvent parce qu'il n'a pu supporter le réveil et qu'il s'est senti agressé dans la plus belle partie de son sommeil. Le seul endroit où il pouvait continuer à rêver de son amour sans risquer d'être importuné étant chez sa maîtresse, il y est allé. L'homme amoureux n'est pas facile à vivre. Ceux qui conseillent "la vérité à tout prix et le plus tôt possible" oublient très souvent d'informer l'épouse de la possibilité de violence dont elle peut être victime, suite à son intrusion dans sa vie amoureuse. Et ça n'est pas un aspect négligeable car la femme qui se fait maltraiter parce qu'elle veut protéger son amour vit le rejet le plus douloureux. Cette attitude venant de la part de l'homme qu'elle aime la suivra très longtemps.

On lui avait conseillé la franchise le plus tôt possible, sans la préparer à cette éventualité. Sa tentative de dialogue lui a valu le mépris, et des injures qu'elle ne méritait pas. On lui avait pourtant dit qu'il n'y avait pas d'autre solution que la franchise. Le mari a fait ses valises. Elle ne comprend plus. Elle n'a jamais voulu qu'il parte. Elle l'a supplié de rester. Il est parti quand même. Elle l'a revu pour lui dire qu'elle l'aimait encore. Il lui a répondu qu'il préférerait qu'elle le déteste, pour lui ficher la paix.

À l'épouse qui confie son désarroi on ira même jusqu'à suggérer de tenter une thérapie avec son conjoint. Comment peut-on avoir la naïveté d'espérer qu'un homme normal, simplement amoureux d'une femme, accepte d'aller consulter un psychiatre ou un thérapeute parce qu'il aime faire l'amour à une femme qui n'est pas la sienne? Si cela s'appelle une maladie, voudra-t-il en guérir?

D'autres épouses croiront qu'un voyage avec leur mari arrangera les choses. Et ce sera à nouveau le désastre! Ce paradis à l'autre bout du monde, il n'en veut pas. Ce climat de rêve, sans avoir à ses côtés la femme qu'il aime, lui est une torture. Et la seule obsession qui le pourchassera sera de se dire: "Si "elle" était là, ce serait assurément le paradis."

Loin de faire oublier l'amour, l'*absence est parfois même une cruauté.* Partir seul... pourrait apporter de meilleurs résultats car l'homme peut faire de nouvelles rencontres qui l'amèneront à comprendre qu'il était finalement peut-être moins amoureux qu'il ne le croyait. Si l'épouse savait cela, elle provoquerait même les rencontres!

Mais ce genre de voyage "accompagné de son épouse" a toutes les chances d'un échec. On lui enlève la femme qu'il aime pour lui imposer celle qu'il croit ne plus aimer. La seule chose qui lui viendra à l'esprit lorsque sa femme lui dira

96

qu'elle n'a jamais vu un pays aussi beau sera qu'il lui faut demeurer trois semaines dans ce château donnant sur la mer! L'angoisse qui l'envahira à ce moment-là le rapprochera encore plus de sa maîtresse.

L'épouse aura tant espéré de ce voyage. Mais il sera "absent". Elle sentira qu'il fait l'amour tristement, sans passion... avec l'ivresse du condamné à mort. Au retour, à peine rentré chez lui, il déposera les valises dans le hall et prétextant manquer de cigarettes (il les aura jetées exprès dans une poubelle de l'aéroport), il se rendra au premier téléphone public pour appeler sa maîtresse... pour lui confier le cauchemar vécu dans une île enchanteresse. Ils dîneront ensemble le lendemain et il ne restera plus à l'épouse qu'à se trouver un emploi dans les plus brefs délais, pour payer les frais du voyage de l'espoir.

*   *   *

Il aurait presque été préférable que le mari amoureux parte en voyage avec sa maîtresse, car l'absence peut jouer en faveur de l'épouse. Il s'est trouvé des cas où le mari, loin des siens, s'est mis à regretter son épouse, ses enfants. C'est la maîtresse qui, à l'aéroport, a reçu son congé.

L'idéal, finalement, serait que l'épouse ait suffisamment d'argent de côté pour quitter son mari sans explication... et sans laisser d'adresse. Elle sauverait au moins son honneur. Pouvoir aller souffrir ailleurs puisque, de toute façon, quoi qu'elle dise, quoi qu'elle fasse, il ne la voit même plus.

Mais dans la vraie vie, hélas, ce n'est jamais comme ça. Il y a les enfants qui doivent passer avant son bien-être personnel. Et il y a aussi le compte en banque qui ne permet pas toujours l'extravagance de l'indépendance. Et il y a, bien sûr, au fond d'elle-même, autre chose qui retient l'épouse et l'empêche de partir: cela lui répugne qu'il s'en tire à si bon compte. Partir et laisser l'autre à ses aventures sans le faire souffrir en guise d'adieu demande une grandeur d'âme et une désinvolture quasi impossible à l'amoureuse évincée.

Elle garde espoir dans une justice naturelle: le reconquérir un jour ou, à défaut, le faire souffrir à son heure. L'obstination de la femme à demeurer, même si l'amour est devenu unilatéral, a bien d'autres explications que celles du bonheur de ses enfants d'abord et du manque d'argent ensuite. La preuve c'est que certaines concubines qui ne sont ni tiraillées par les enfants ni par une question financière restent et endurent leur infidèle amant. Pourquoi?

Les femmes disent souvent: "Moi, s'il me trompait, j'aimerais bien le savoir... pour en faire autant." Comme si l'amour et le désir attendaient la permission de l'autre! Comme si leur fidélité n'était pas une conséquence normale de leur amour mais une situation dépendante et subordonnée à la condition de la fidélité de l'autre.

Pourquoi une femme veut-elle absolument savoir ce qui ne fera que la tourmenter? Par masochisme... pour lui remettre la pareille... pour jouer les martyres... pour divorcer?... Que valent toutes ces raisons qu'elle invoque, lorsqu'elle veut savoir et que cela tourne à l'obsession chez elle?

Elle est affolée et ne peut plus attendre. Elle veut savoir pour être "fixée", dit-elle. Au fond, ce qu'elle veut souvent savoir, c'est s'il est justifiable de déclencher la scène qu'elle a le goût de faire. Cela la frustre de retenir une colère... qu'il mérite peut-être.

Si on veut savoir la vérité, cela devrait être pour qu'elle nous mène quelque part. Or, la plupart des gens qui la quêtent restent là et s'accrochent, sans trouver les solutions. Ils sont trop anéantis ou souffrants pour pouvoir réagir. Quant à l'épouse qui voulait tout savoir pour être "fixée", il est étrange de constater qu'une fois "fixée", elle ne sait habituellement même pas où aller. Le problème de l'épouse trompée c'est que le doute la rend tellement malheureuse qu'elle en arrive à croire que la certitude calmerait son angoisse. Pourtant, lorsque le mari se décide à lui faire des révélations, cette "certitude" qu'elle est trompée ne fait qu'empirer son malaise. Ses dernières espérances viennent de s'envoler. Elle dira, consternée, que "tout son monde vient de s'écrouler". Au fond, la seule certitude qui l'aurait apaisée aurait été d'apprendre que ses doutes n'étaient pas fondés.

Très souvent aussi, l'époux ne fait pas beaucoup d'efforts pour cacher sa liaison. Les explications qu'il donne à ses rentrées tardives ou aux marques de "rouge" sur sa chemise sont presque un affront à l'intelligence de son épouse. Aucune femme n'aime qu'on la sous-estime de ce côté.

Quoi qu'il en soit, il en ressort que les seules femmes qui sont généralement heureuses de savoir sont celles qui n'aiment plus leur mari et qui sont désespérément à la recherche d'un motif de divorce... pour répudier le mari dans la légalité.

Il leur faut à tout prix une raison pour se justifier d'être parties et il faut que le motif du départ soit, de façon probante, la faute de l'autre. C'est le cas, entre autres, de la femme qui harcelle son mari jusqu'à ce qu'il la gifle. Elle pourra ensuite partir en se racontant qu'elle n'a plus le choix de rester ou de partir étant donné qu'il l'a brutalisée.

Les maris ne cèdent pas tous à la tentation de battre leur épouse. C'est pourquoi certaines d'entre elles attendent l'infidélité du mari comme d'autres attendent la gifle.

La grande passion se meurt

L'amoureux habite un autre monde où il n'y a que lui et l'être aimé. Il n'y a habituellement qu'une chose qui fasse revenir un homme amoureux sur terre: c'est le temps. Lorsque six ou huit mois de sa passion se sont écoulés, c'est de lui-même qu'il redescend de son nuage.

Il réalise alors qu'il a mené une vie exaspérante où il a dû trouver un mensonge plausible à tout moment pour aller rejoindre "l'autre". En plus d'être à court d'imagination, il a vécu tous ces longs mois dans la peur. La peur d'être découvert. La peur du téléphone. La peur de rencontrer le regard de sa femme. Finalement, la peur s'est mise à l'emporter sur l'amour.

Huit mois déjà de toute cette panique. Après ce délai, passion n'est plus le terme qui convient. Si, au lieu de s'affoler, l'épouse pouvait raisonner, elle saurait qu'après six à huit mois de fréquentations assidues et de complications assurées auprès d'une maîtresse, la plus belle partie du rêve tire à sa fin.

Après cette période, il faut bien le redire, la seule chose qui pourrait encore lier les amants serait le combat que pourrait entreprendre l'épouse pour les séparer ou ridiculiser leur passion. Ils s'acharneraient alors à lui démontrer qu'ils s'aiment encore. Si l'épouse ne les harcelle pas et qu'elle est demeurée gentille "comme si elle ne savait pas", le mari commence à préparer une rupture avec la maîtresse. Il s'estime déjà heureux que son épouse n'ait rien découvert. Il n'a pas l'intention de poursuivre sa liaison plus longtemps.

Ce soir-là, il est donc tranquillement et confortablement installé dans le grand salon et savoure la paix. Il revoit sa passion dans le calme. Il l'analyse. Toutes les complications qu'il a connues déferlent devant lui et il réalise qu'il ne va plus retrouver une maîtresse mais qu'il s'impose d'aller rencontrer une femme parfois décevante. L'amour commence à ressembler au devoir.

Il est très occupé à son travail, parfois même débordé, et il lui faut faire un détour à la fin de sa journée pour aller saluer sa maîtresse avant de rentrer chez lui. Il en vient à se dire que s'il prenait le temps qu'il consacre à sa maîtresse pour régler ses dossiers, sa vie professionnelle s'en porterait mieux. Au lieu de donner l'ivresse, elle commence à parler de ses privilèges... et d'avenir. Elle lui explique également qu'au moment précis où il a besoin d'elle, elle n'a pas nécessairement envie de lui. Elle commet alors la maladresse d'ajouter: "Ce n'est pas comme si on vivait ensemble,"

L'allusion l'a brusquement réveillé. Ce soir, il fait le point. Au même moment, le téléphone sonne. C'est à nouveau la maîtresse qui, inquiète de son sort, commet l'imprudence de l'appeler chez lui, pour lui dire qu'elle aurait besoin de lui parler maintenant.

Cela semblait si facile autrefois. Mais au mois de janvier, alors qu'il lui faut s'habiller, enfiler ses bottes, affronter le froid, marcher un mille pour aller dans une cabine téléphonique dire un "je t'aime" qu'on peut se dire le lendemain, la romance commence à perdre de sa saveur.

Quelle vie il a vécue tout ce temps-là! Il pourrait écrire un livre sur les alibis qu'il a dû imaginer pour vivre sa passion sans éveiller les soupçons de sa femme. Il lui a d'abord fallu trouver l'excuse intelligente pour sortir de chez lui le soir afin d'aller dans une cabine téléphonique appeler sa maîtresse. Le premier mensonge qui lui est alors venu à l'esprit fut de dire à sa femme: "Je vais m'acheter des cigarettes au dépanneur", jusqu'au jour où le conjoint perspicace et rusé lui réponde: "Je t'en ai acheté une pleine cartouche, ce matin. Tu diras que je ne pense jamais à toi." Et le voilà obligé de fumer comme un engin pour passer à travers la cartouche afin d'aller placer l'appel que "l'autre" attend. Déjoué dans ses plans, il s'est contenté de répondre: "Vraiment, tu en fais trop, chérie."

Le "coup des cigarettes" ne passant plus, il s'est mis à faire sa marche de santé, comme cela tranquillement, le soir, par un froid de moins quarante... jusqu'au jour où, bien sûr, son épouse a eu la galanterie de vouloir l'accompagner... elle aussi, pour raison de santé! Avec une épouse assez intelligente pour s'amuser à jouer les encombrantes, il a compris qu'il valait mieux abandonner cette liaison avant qu'elle ne lui complique davantage sa vie... naguère tranquille.

Il ne trouve plus très gai de devoir pelleter une heure pour sortir son auto du garage, s'emmitoufler et partir à la recherche d'un endroit discret pour appeler sa maîtresse. Quand il était amoureux, il ne se rendait pas compte qu'il le faisait. Aujourd'hui, il additionne les ennuis.

Quant à la maîtresse, elle réalise qu'il se détache: il appelle de moins en moins et il a de plus en plus souvent des empêchements de dernière minute. Elle essaie de s'accrocher et il aimerait qu'elle comprenne, sans faire d'embarras, que cet amour est devenu impossible.

C'est à ce moment-là que l'épouse intelligente fait son entrée. "Chéri, tu es adorable.. tu n'es pas comme les autres." Elle pourrait même se permettre la relation "franchise": "J'ai cru... que tu n'en reviendrais jamais!"

Ce soir-là, c'est avec sa femme qu'il trompera la maîtresse devenue gênante. Et lorsqu'il ira au dépanneur, ce sera pour appeler sa maîtresse et lui expliquer que... "toute bonne chose ayant une fin, la fin est arrivée".

C'est aussi à ce moment-là que l'épouse qui voulait vraiment faire souffrir son mari un jour pourrait entreprendre son désir de rupture.

Perdre une femme quand on souhaite qu'elle s'en aille ne fait qu'arranger les choses. Son départ passe alors inaperçu ou fait plaisir. Mais quitter un homme au moment où il aspire à la tranquillité de son foyer, c'est du grand art!

Chapitre 5

La réconciliation:
le dernier grand espoir

Il a enfin quitté sa maîtresse!

L'épouse semble pardonner la conduite du mari mais à ce stade-ci, elle vit dans l'insécurité absolue. L'évolution de toute cette affaire, elle ne la connaît pas. Elle est encore sur le qui-vive car la partie n'est pas encore gagnée malgré le retour de celui-ci. "Il est déjà parti une fois, rien ne dit qu'il ne partira pas une deuxième fois."

Elle sait que ce n'est pas le moment d'entreprendre de grandes explications. Elle tremble déjà à l'idée qu'il l'abandonne à nouveau et redoute d'aborder ce sujet douloureux... "des fois, on parle trop". Sachant qu'elle a intérêt à taire les reproches qu'elle pourrait lui faire, elle jette alors le blâme sur "l'inconnue". Ça ne fait de mal à personne si ce n'est à une étrangère qu'elle ne rencontrera jamais et, si elle en souffre, elle n'a que ce qu'elle mérite, pense l'épouse mortifiée. L'épouse sera impitoyable pour cette personne qu'elle ne connaît que par le biais de son mari: Après tout, se dit-elle, la maîtresse, à son heure, s'est-elle déjà souciée du mal qu'elle me faisait?"

La compréhension de l'épouse qui ne cache en réalité que diplomatie ou crainte d'un nouvel abandon apportera au mari le calme et la paix dont il a besoin pour sa réhabilitation. Comme il ne veut rien perdre de cette tranquillité et que, dans les circonstances, il se considère heureux de s'en tirer à si bon compte, il ne tentera pas d'excuser, de justifier ou encore de diminuer la part réelle de responsabilité de son ancienne maîtresse. Rétablir les faits ne lui apporterait que des ennuis.

Qui se soucie de la maîtresse une fois que l'aventure est terminée et que tout est rentré dans l'ordre? Nul ne s'inquiète de son sort ou de son avenir car on lui a toujours prêté un rôle déloyal. Par les malheurs qu'elle apporte aux autres quand elle triomphe, elle est antipathique en soi. Son rôle la rend méprisable car ce personnage n'entre en scène que pour détruire. Mais ce qui est injuste dans la façon dont on la traite, c'est que personne ne se demande qui lui a permis d'entrer en scène... Qu'est devenu celui qui ne pouvait se passer d'elle? Rentré chez lui, tout simplement!

Le cauchemar est terminé pour tout le monde... sauf pour la maîtresse. Si on ne la méprise pas toujours, on ignore du moins ses problèmes. On la laisse à son chagrin et à son abandon. Elle sait que, chez lui, on fête son retour comme s'il s'agissait d'un héros. On le traite comme un convalescent, c'est-à-dire avec grand "ménagement". Et, se dit-elle, si son épouse est intelligente, il a eu droit à la nuit des retrouvailles... au cours de laquelle il s'est cru obligé de renier sa maîtresse pour se faire pardonner! "Elle n'était pas aussi extraordinaire... sans quoi je serais resté près d'elle."

Comme si ce n'était pas assez de supporter le coup de l'abandon, il faut qu'il aille jusqu'à mentir sur leur relation. La plus parfaite des trahisons: avoir aimé un homme qui dénigre maintenant jusqu'aux plus beaux souvenirs pour reconquérir son épouse! La maîtresse comprend sur le tard qu'elle n'a servi qu'à solidifier les liens d'un couple qui avait simplement besoin de mettre son amour à l'épreuve.

Que l'épouse la dénigre, passe encore; mais que son amant en fasse autant, voilà bien le pire des supplices. S'il avait décidé de vivre avec sa maîtresse au lieu de reprendre la vie commune avec son épouse, c'est sans doute cette dernière qu'il aurait reniée. Comment l'épouse intelligente ne le comprend-elle pas? Mais pour l'instant, c'est "l'autre" qui souffre... alors, l'épouse ne demande qu'à le croire.

"Je te laisse une dernière chance... montre-toi à la hauteur."

L'homme confie souvent: "Quand je suis avec ma femme, je m'ennuie de ma maîtresse. Et quand je suis avec ma maîtresse, je pense à ma femme, à mes enfants. Quand je ne fais pas souffrir l'une, rassurez-vous, je fais souffrir l'autre. Et quand je ne souffre pas pour l'une, je souffre pour l'autre. Et dire qu'on m'envie!"

On revient presque toujours sur les lieux de ses anciennes amours... Loin de son foyer, que le mari croit ne plus aimer, il se sent coupable et se met alors à idéaliser la femme qu'il a pourtant quittée de son plein gré. Il lui suffit parfois de revenir quelques heures pour être à nouveau désenchanté.

Alors, il retourne auprès de sa maîtresse et le même scénario se répète jusqu'à ce que l'une d'elles décide pour lui... ou jusqu'à ce qu'il reçoive les procédures en divorce de son épouse. Il tente alors une dernière réconciliation avant le grand départ. Que faut-il penser de ce désir soudain de réconciliation?

Si la femme pouvait savoir pourquoi son mari lui revient, elle tomberait parfois de haut. Si elle pouvait entendre la conversation qu'il a eue avec son avocat à son sujet et à quel moment ou en quels termes l'idée de tenter une réconciliation lui est venue, sa fierté en prendrait un sérieux coup!

Le mari déjà amoureux d'une autre qui le presse de choisir, à défaut de quoi "il risque de la perdre", consulte son avocat, histoire de se renseigner sur ce qu'il lui en coûterait pour divorcer, pension alimentaire incluse. Lorsque l'avocat lui dresse le sombre bilan des années à venir, il se dit que tenter une réconciliation ne ferait de mal à personne et que, tout compte fait, c'est peut-être la meilleure solution dans les circonstances. Lorsque le mari parle de réconciliation, l'épouse se trouve partagée entre son amour et les sages conseils de ceux qui "veulent son bien". Son avocat lui conseille de se méfier; la parenté lui suggère de l'oublier et elle ne sait plus qui écouter.

Elle a le désir caché de reconquérir son mari et, l'instant d'après, elle voudrait pouvoir le faire souffrir. L'époux ne sait plus comment se comporter avec elle. Il est d'abord distant afin de respecter une certaine période d'adaptation et lorsqu'il tente de se rapprocher, l'épouse le repousse en disant: "Ne m'en demande pas trop... je n'arrive pas à oublier."

Le mari est perplexe. N'en pouvant plus de le voir silencieux et songeur, elle lui dit qu'au fond, tant qu'à avoir l'air aussi misérable, il serait aussi bien d'aller rejoindre "l'autre". Dès qu'il ouvre la porte, elle l'attrape de justesse pour lui dire: "Non, ne t'en va pas... je me suis énervée... Laisse-moi un peu de temps."

Dans une telle ambiance, le mari ne sait plus très bien s'il doit rester ou s'en aller. Dans bien des cas, il est vraiment sincère et se retrouve en face d'une épouse qu'on a tellement rendue méfiante qu'elle voit de l'intérêt dans tout ce qu'il fait et des pièges dans tout ce qu'il ose.

Le mari lui apporte des fleurs: "La pension alimentaire te fait peur." Il l'invite au restaurant: "Si tu l'avais fait avant, on n'en serait pas là."; ou encore: "C'est seulement après avoir reçu les procédures en divorce que tu te décides à m'inviter."

Dans son cas, les simples conseils de prudence de son avocat l'ont rendue méfiante au point qu'elle en est à détruire toute ambiance de réconciliation par son agressivité. Le mari, bien que sincère, le restera-t-il longtemps?

L'avocat se méfie de la situation. Dans l'intérêt de sa cliente, il lui explique que ce soudain désir de réconciliation, une fois les procédures entamées, peut être fondé sur le sentiment réel de culpabilité que le mari risque d'éprouver envers son conjoint ou ses enfants, mais qu'il peut aussi être motivé par la peur de devoir verser une pension alimentaire considérable.

L'épouse ne devrait pas se faire d'illusion sur le retour de son mari et savoir prendre la réconciliation pour ce qu'elle est, une simple tentative... avec ses risques d'échec. Il peut souvent s'agir du dernier essai avant la rupture définitive. Il faut reconnaître qu'il est ingrat et cruel pour la femme de savoir que son mari ne revient que pour un simple essai. Il lui faut être à la hauteur au moment même où elle a le coeur en pièces détachées. On lui demande simplement d'être capable de faire oublier à son mari la femme dont il est amoureux. Bref, on lui demande de se surpasser au moment où elle en est le moins capable.

Si elle vient tout juste d'apprendre la liaison de son mari et qu'elle en est encore bouleversée, elle doit s'adapter à la situation sur-le-champ, faire abstraction de sa jalousie, de ses angoisses personnelles et de ses tourments intérieurs pour mieux se consacrer à cet homme qui a eu l'extrême gentillesse de tenter un dernier essai, pour le motif que l'on sait.

N'est-ce pas lui qui s'impose volontairement de quitter sa maîtresse, "la femme de sa vie", par devoir? C'est déjà beaucoup! L'épouse ne veut pas brûler les étapes. Il est plein de bonnes intentions: la preuve c'est qu'il lui laisse encore une dernière chance. Il est revenu. Pour l'instant, elle n'en demande pas plus. Elle attend que "ça lui passe" pour lui parler à coeur ouvert. En attendant, elle accumule ses questions pour plus tard. Il est aussi difficile pour l'épouse d'oublier la maîtresse que pour le mari lui-même. Ils sont maintenant deux à penser secrètement à "l'autre" sans avoir le droit d'en parler: il est trop tôt.

Souvent, aussi, le mari dira: "Si tu veux que je l'oublie, ne m'en parle pas." Comme la femme qui souffre en silence est mal disposée à aimer, il s'ensuit qu'elle fait rarement une bonne maîtresse et le mari ne tarde pas à être déçu. Ce n'est pas le genre de réconciliation qu'il espérait... à quoi bon continuer?

Certains couples ont pourtant l'air de filer le parfait amour. Bien des hommes redeviennent attentifs à leur épouse lorsqu'il est trop dispendieux d'aimer ailleurs. Si le mari est revenu auprès de sa femme pour une question "d'argent", par crainte de la pension alimentaire, entre autres choses, il sait désormais ce que son aventure au grand jour a failli lui coûter; à l'avenir, il sera tout simplement plus prudent et continuera de voir sa maîtresse en cachette.

Par contre, s'il est revenu par sentiment de culpabilité, il peut être là pour se prouver qu'il ne l'aime définitivement plus, pour être bien certain qu'il pourra maintenant la quitter à tout jamais sans l'ombre d'un remords.

La réconciliation, dans son cas, lui permet de vérifier s'il manque quelque chose en la quittant pour de bon et de se déculpabiliser par la suite. Il pourra toujours se dire: "J'ai tout essayé. J'ai fait mon possible. Ça n'a pas marché. Je n'ai plus rien à me reprocher maintenant."

Mais il aura essayé quoi, finalement... lorsqu'il a dit à sa femme: "Laisse-moi une chance", ce qu'il voulait plutôt dire, c'est qu'il lui laissait une chance à elle de le reconquérir. Pour cela, elle doit redevenir une épouse affectueuse, souriante, détendue(!!!), comme si de rien n'était. Et si l'épouse est incapable de jouer le rôle, le mari pense: "Ce n'est pas de cette façon-là qu'elle va me reconquérir." Il est intéressant de noter que, pour l'homme, c'est presque toujours la femme qui doit "faire quelque chose" pour améliorer leur vie amoureuse.

S'il découvre, au cours de la tentative de réconciliation, qu'il est non seulement incapable de retomber amoureux de sa femme mais qu'il est incapable de vivre sans "l'autre", il la quittera de nouveau en se disant que personne, pas même lui, ne pourra lui reprocher de n'avoir pas essayé. Il est revenu se confirmer dans ce dont il se doutait bien un peu... qu'il n'avait vraiment plus rien à perdre. Sa femme n'a pas réussi à lui faire oublier "l'autre"; c'est bien triste, mais c'est la vie!

* * *

L'homme a beaucoup à perdre dans le divorce: d'abord, sur le plan matériel, il doit souvent céder la plupart des meubles à cause du contrat de mariage, en plus de la pension alimentaire, du risque de l'hypothèque judiciaire sur sa propriété; et s'il n'a pas de maîtresse, il vient souvent de perdre du même coup sa meilleure servante!

Un divorce coûte bien plus cher qu'une maîtresse... mais c'est souvent la première dépense qui entraîne l'autre. La femme qui n'a plus aucun moyen de retenir son mari et qui n'a nullement envie de divorcer prendra une requête en divorce uniquement dans le but de lui faire peur. Elle espère qu'une fois qu'il aura "les papiers de l'avocat" en mains, cette dure réalité le fera réfléchir et lui fera prendre la bonne décision.

Lorsqu'il aura bien réfléchi, c'est-à-dire qu'il aura réfléchi dans son intérêt à elle, elle rappellera l'avocat pour annuler ou retarder les procédures. Elle a eu ce qu'elle voulait: il est revenu. Pour elle, seul le résultat compte. Si elle était partie sans rien exiger de lui, il ne serait pas allé la chercher; mais elle savait qu'en lui envoyant des procédures dangereuses et inquiétantes, il viendrait gentiment prendre de ses nouvelles. Il sera le premier à dire désormais que le divorce est une folie quand il aura découvert que tout se paie en double. La femme qui ne peut plus être heureuse se contente parfois d'un misérable bonheur, où la sécurité d'être aimée pour soi ne compte plus et la fierté d'être librement choisie non plus.

Les confidences aux amis

La vraie réconciliation est possible si on n'a encore rien gâché. Trop souvent, la femme se croit obligée d'expliquer à son entourage immédiat le pourquoi de la séparation ou du divorce, ne serait-ce que pour avoir la confirmation que sa décision est la bonne.

L'insécurité devant l'inconnu, la mesquinerie du conjoint, la tension inévitable qui en découle font que l'épouse a besoin de se confier à quelqu'un qu'elle affectionne beaucoup. Finalement, personne ne sera épargné. Toute la parenté y passera et le cercle d'amis aussi. En guise de consolation, certains d'entre eux iront jusqu'à dire: "J'espère qu'après ce qu'il t'a fait, tu ne te laisseras pas avoir s'il veut revenir."

Or, certaines femmes, malgré tout ce qu'elles ont pu raconter sur leur mari, l'aiment encore. Lorsque celui-ci revient, il leur faut choisir entre se réconcilier et perdre la sympathie de ceux et celles à qui elles se sont confiées ou ne pas se réconcilier et perdre l'homme à qui elles tiennent encore. On se marie en suivant les normes des autres et on se "démarie" souvent pour les mêmes raisons.

Après avoir raconté qu'elle a été giflée à plusieurs reprises, la réconciliation devient gênante, voire humiliante pour la femme, car elle laisse ainsi supposer qu'elle aime être maltraitée. On s'engage envers ses confidents, ne serait-ce que par fierté...

La femme qui a divisé la parenté et les amis en deux camps, ceux qui l'approuvent et ceux qui restent fidèles au mari, ne peut arriver du jour au lendemain en leur disant: "Maintenant, souriez-lui, continuez de "nous" recevoir, on s'est réconciliés." Les amis regrettent alors de l'avoir prise au sérieux et d'avoir semé la zizanie pour rien. On dira: "Si elle ne sait pas ce qu'elle veut, alors..."; ou encore: "Qu'elle ne vienne plus pleurer ici après..."

Il s'installe alors une gêne compréhensible parmi les amis, car certains d'entre eux ont profité de la période de séparation pour faire des déclarations ou des révélations qu'ils auraient gardées pour eux en temps ordinaire.

L'ami aura dit à l'épouse: "Au bureau, il passe pour un vrai fou. C'est un minable. Il n'a l'estime de personne." Quand il apprend la réconciliation, on comprend qu'il soit mal à l'aise de recevoir, dans son salon, le "minable" en question. La situation devient extrêmement embarrassante, car l'ami ne saura jamais si l'épouse a trahi ou non la confidence, lors de la réconciliation.

Quant à l'épouse, elle sait bien que maintenant, les amis ne la respecteront plus: "Elle est venue passer des heures à la maison pour nous raconter ses problèmes... c'était le véritable enfer avec lui et elle le reprend." Elle sait bien qu'on n'approuve pas ce revirement. Elle voudrait leur expliquer: "Ça peut sembler bête d'avouer ça mais... il me manque." Elle sait bien qu'on ne comprendra pas qu'une femme puisse s'ennuyer d'un monstre.

La personne qui se raconte doit savoir qu'elle s'engage envers ceux qui la consolent. Celui qui se confie ne cherche pas toujours à diviser les amis, mais simplement à savoir si la situation qu'il tolère est normale ou pas. L'angoisse de celui qui hésite à se séparer se résume souvent ainsi: "Est-ce que je suis fou d'endurer cette situation ou est-ce que c'est normal? D'autres, dans le même cas que moi, resteraient-ils mariés ou s'en iraient-ils?"

Pour cela, il faut bien sûr donner des détails sur sa vie, sur les faits qu'on endure et c'est ainsi qu'on en arrive à se séparer parce que, de l'avis des autres, notre sort est inacceptable.

L'idéal serait de choisir un seul ami discret et fiable, également marié à un conjoint tout aussi discret et fiable, de sorte que la confidence resterait secrète. Mais malheureusement, cela ne plaît pas à certaines âmes tourmentées qui préfèrent encore consulter plusieurs amis, comme pour s'assurer d'avoir bien fait le tour de la question. Ils pourront ensuite délibérer en tenant compte des idées de tout le monde. Si cinq collègues sur cinq en sont venus à la conclusion que la situation est inacceptable, alors ils se décideront à quitter leur conjoint ou, tout au moins, à le menacer d'une séparation éventuelle.

Pourquoi la personne ne se demande-t-elle pas tout simplement: "La vie que je vis avec mon conjoint est-elle tolérable pour moi?... Mon voisin tolère peut-être de sa femme des choses que je ne pourrais, moi, tolérer, et il ne se sépare pas pour autant! La vie de bohême convient à certaines gens alors qu'elle en effraie d'autres; si la femme de mon voisin est idéale pour lui, elle serait peut-être désastreuse pour moi." Mais non, l'individu questionne, enquête, se sépare... parce que d'autres à sa place se sépareraient. On comprend aisément que la réconciliation puisse alors survenir.

L'époux ne s'est pas posé les véritables questions: "Est-ce que je l'aime encore, malgré tout? Suis-je prêt à la solitude ou qu'est-ce que je ferai de cette solitude?"

Et les amis n'ont tenu aucun compte de cette perspective. C'est pourquoi, après quelques jours ou quelques semaines de solitude, le conjoint malheureux s'est réconcilié. Il s'est dit qu'il valait mieux être malheureux à deux que de l'être tout seul. La femme aime souvent mieux être malheureuse en tenant la main de son tyran qu'en étant seule et libre.

Chapitre 6
Et le sexe... toujours le sexe!

Les échanges

Avant d'en arriver à la rupture définitive, certains couples auront vraiment tout essayé et tout vécu avec leur partenaire, y compris l'échange des partenaires. L'épouse dira: "Sexuellement, ça n'allait pas. Sincèrement, ça n'a jamais marché. Alors, mon mari m'a parlé de l'échange des partenaires comme de notre dernière chance. J'ai accepté en me disant qu'on n'avait plus rien à perdre."

Bien souvent, le mari volage, qui se sent culpabilisé de tromper sa femme, prône l'échange des partenaires comme thérapie, afin de pouvoir tromper sa femme sous ses yeux, avec sa permission.

Il pressent très souvent qu'elle ne prendra jamais goût à ce genre d'exhibition, mais il se sentira intérieurement soulagé de ne pas agir à son insu. Du même coup, il pourra se glorifier de laisser les mêmes libertés à sa femme.

Le genre de femme qui a physiquement tout de "l'épouse modèle" risque, on s'en doute, d'être tenue à l'écart et de passer une moins agréable soirée que son époux. Elle essaie de jouer à la "femme évoluée", cette attitude ne marche pas et les hommes semblent la fuir. Elle comprend avec humiliation qu'elle n'est pas à sa place dans ce milieu et que les hommes qu'elle rencontre ont bien d'autres soucis que celui de son épanouissement sexuel.

Sur le chemin du retour, elle est bouleversée mais n'ose pas en parler. Parce qu'elle a accepté de le suivre, elle n'osera pas lui dire que cette expérience l'a traumatisée. Son mari, pour sa part, semble heureux. Elle l'a vu s'amuser avec l'une et l'autre. Cette image ne la quitte plus. Elle est désormais certaine qu'il ne l'aime plus... du moins, pas selon ses critères à elle.

Ce que certains hommes connaissent parfois de la sexualité se résume aux photos dites érotiques de certains magazines spécialisés qu'ils ont regardées dans tous les sens. Ils se retrouvent "excités" mais peu renseignés. D'autres, en revanche, lisent tous les ouvrages qui traitent de la technique. Lorsque les techniques supposément irrésistibles échouent, c'est l'impasse. L'homme demeure pourtant convaincu que TOUT est dans la manière. Il a tellement lu qu'il connaîtra souvent tous les fantasmes de ravissantes inconnues mais il ignorera ceux de sa femme. On ne lui a pas dit que ce qui réusssit avec l'une peut échouer avec l'autre et que la meilleure technique, c'est encore celle que sa femme préfère. On ne lui a pas dit non plus que ce qui fait qu'une femme se rebiffe intérieurement n'a souvent rien à voir avec la façon dont elle est caressée [1]. Ce peut être simplement la crainte de décevoir: "Il parle tellement de ses autres conquêtes et performances"; ce peut être le dégoût de son partenaire: "Il ne se lave jamais"; ce peut être une rancune cachée mais tenace qui remonte à la surface dès que l'autre s'approche: "S'il croit qu'il va m'avoir avec ses caresses, après l'humiliation qu'il m'a fait subir hier soir."

La raison en apparence la plus banale peut provoquer un blocage psychologique chez la femme comme chez l'homme.

---

1. "Le médecin se trouve avantagé, lorsqu'il rencontre des personnes souffrant de dysfonctions sexuelles, puisqu'il est en mesure d'effectuer d'abord un bon diagnostic physique. En effet, 10 pour 100 des cas sont d'origine organique grave. D'autres sont reliés à un état de dépression ou à l'absorption de médicaments. Toutefois, 50 pour 100 des couples qui consultent pour des difficultés d'ordre sexuel ont des problèmes de dispute, d'incapacité de dialogue, ils doivent d'abord en prendre conscience avant de songer à des techniques spécifiques." *Le courrier médical*, 11 octobre 1983, Vol. 3, no. 20.

Le mari qui panique parce qu'après vingt minutes d'ardeur et de dévouement il n'a pas obtenu les résultats escomptés, ignore qu'il a transmis sa propre panique à sa femme et que maintenant, au lieu d'être là, réceptive à ses caresses, elle craint anxieusement de se faire dire, lorsque les vingt minutes seront écoulées: "Mais qu'est-ce qui ne va pas?"

Cette dernière phrase sera perçue par l'épouse sinon comme un reproche, du moins comme une démission. Cela signifie: "Je ne sais plus ce qu'il faut faire avec toi... s'il y a quelque chose à faire."

Quand le couple n'arrive pas à s'ajuster sexuellement, on cherche le coupable pour ensuite lui demander gentiment de se faire "soigner". Si le mari est très attentif à sa femme lors des relations sexuelles, celle-ci prendra facilement le fardeau de l'échec...: "C'est de ma faute... ce n'est pas un égoïste, loin de là; il s'occupe de moi et ça ne marche pas."

De son côté, le mari pense: "Avec les autres femmes et avec les mêmes techniques, tout se passe bien. Le problème n'est donc pas de mon côté." L'épouse commencera donc timidement à consulter à gauche et à droite pour savoir si elle est normale, si la frigidité se guérit et s'il existe des pilules pour ça.

Les hommes impuissants, pour leur part, vivent des inquiétudes semblables et consultent eux aussi médecins, psychologues, sexologues... et amis. Parce que la femme attend un résultat... parce qu'elle en a vu d'autres... parce qu'elle voit l'amour comme une performance, il bloque. Parce qu'il a développé des manies, des besoins qu'il ne peut satisfaire avec n'importe quelle femme... il "fige" lorsqu'il est en présence d'une femme qu'il aime et qu'il a peur de perdre, s'il osait lui avouer ses fantaisies.

La femme n'est pas toujours prête à investir de nombreuses heures dans les salles d'attente de médecin pour se faire dire qu'elle est normale.. pour être renvoyée ailleurs, et se retrouver dans d'autres salles d'attente.

Et c'est l'histoire de la sexualité sous son jour pénible! Tout cela, bien souvent, non pas pour s'aimer davantage et être plus heureuse, mais pour plaire à son mari, pour lui prouver qu'elle a fait TOUT ce qu'elle pouvait pour améliorer leur vie sexuelle. Mais que vaut une théarapie qu'on s'impose pour faire plaisir à quelqu'un d'autre?

La femme essaiera de contourner le problème en trouvant toutes sortes de prétextes à sa frigidité: "Les enfants m'accaparent trop... ils me causent trop de soucis... je n'ai pas la tête à ça", alors qu'au fond ses enfants ne sont ni mieux ni pires que ceux des autres. Quand les enfants seront trop grands pour être la cause de ses malheurs, elle accusera alors le milieu dans lequel elle a vécu: "Ce doit être mon éducation trop sévère..."

En regardant de près, on s'aperçoit que les raisons invoquées ont presque toutes en commun que ce n'est ni la faute du mari, ni la faute de l'épouse, mais qu'il s'agirait d'un facteur extérieur à l'un et à l'autre. C'est l'excuse diplomate par excellence. Aucun des deux partenaires ne peut blâmer l'autre ou se sentir responsable de la situation. Bien au contraire, on est maintenant deux pour accuser une tierce partie d'être la cause de ses échecs.

Mais si la femme se posait les vraies questions: ..."À quoi est-ce que je pense au début d'une relation?... Comment je me sens quand je sais qu'il va s'approcher de moi?...", elle trouverait peut-être des réponses qui n'auraient rien à voir avec les enfants, la religion de ses parents et la civilisation grecque!

Et si, après avoir trouvé ces réponses, elle osait parler... mais la plupart des femmes ont peur de blesser l'homme qu'elles aiment; alors, si la réponse risque de déplaire à celui-ci, elle préféreront se taire et recourir aux prétextes qui ne font de mal à personne.

Beaucoup de femmes ignorent qu'on peut aimer un homme tout en lui disant: "Il y a certaines de tes caresses qui sont complètement inutiles; je n'osais pas te le dire de peur de te vexer."

Un homme intelligent devrait pouvoir apprécier ce genre de franchise plutôt que de faire l'amour à une femme qui le subit ou, pire, qui fait semblant. Mais voilà: si les femmes ont peur de parler, les hommes en revanche ont souvent peur de la vérité, si cette vérité les accuse.

Beaucoup d'hommes sont très susceptibles et n'acceptent pas facilement ce qui pourrait ressembler à un reproche dans ce domaine. L'orgueil du mâle est offensé: il caresse mal.. quel affront! Certains maris cesseront même les relations sexuelles en disant: "Puisque, de toute façon, tu n'aimes pas mes caresses." D'autres recourront tout de suite à la menace: "Il existe peut-être d'autres femmes qui m'apprécieraient." Connaissant son mari, l'épouse choisira de se taire ou d'espérer qu'un jour, un médecin, un psychologue ou un sexologue lui fera comprendre ce qu'elle n'ose lui dire.

La femme qui s'est fait dire après vingt minutes de préliminaires: "Qu'est-ce qu'il y a qui ne va pas?", sait très bien que, d'une relation à l'autre son mari espère... que ce sera la bonne. Et l'anxiété s'installe... Elle sait aussi qu'il n'espérera pas toute sa vie; et, si d'une fois à l'autre, il semble aussi déçu, paniqué ou désespéré, l'épouse finira par partager son angoisse. Elle ajoutera: "J'ai l'impression qu'il fait l'amour avec une minuterie à côté de lui et que je devrais commencer à le trouver sensationnel après quinze minutes d'essai. Moi, les attentes, ça m'énerve."

Il n'est pas nécessaire d'être un bien grand psychologue pour savoir que, même à Hawaï, dans le plus beau décor et les meilleures conditions, ce couple n'a pas plus de chance de réussir sa vie sexuelle qu'en restant chez soi, entouré de ses enfants.

L'épouse, dans ce cas, est bloquée parce qu'il attend sa réaction, parce qu'il la caresse dans un but précis et en se demandant si cette fois "ça va marcher". C'est à tout cela qu'elle pense lorsqu'il s'approche d'elle. Et entre les relations sexuelles, elle se tourmente, elle se dit qu'il va probablement finir par perdre patience et se lasser d'attendre une conclusion heureuse.

Par ailleurs, lorsque le mari ne se plaint pas de la piètre qualité des relations sexuelles, l'épouse préférera souvent laisser dormir le problème. En cas de rupture, elle ne se pardonnerait pas d'être celle qui a déclenché le conflit. Et voilà comment, après quelques années, on en arrive à dire: "Sexuellement, ça ne marche pas... ça n'a jamais marché."

Toute personne, une fois adulte, est bien libre de choisir la forme de sexualité qui lui convient avec le ou la partenaire adulte recherchant les mêmes fantaisies qu'elle. Il ne s'agit donc pas ici de faire le procès de ces couples pour qui l'amour "à plusieurs" est devenu une fantaisie dont ils ne peuvent plus se passer, ni de conclure que seules les malheureuses ou les frigides participent à ces échanges, mais de comprendre que le succès des autres en la matière peut être un échec pour soi. Le mari qui se glorifie d'avoir une femme compréhensive ou évoluée parce qu'elle accepte aisément l'échange de couples ignore quelquefois que celle-ci fait partie de celles qui accepteraient de sauver leur "alliance" à n'importe quel prix: "Tout, pourvu qu'il ne parte pas"; ou encore: "Si ça peut arranger quelque chose, pourquoi pas?..."

Certaines diront qu'elles ont vraiment cru que cela les rapprocherait de leur mari. Les couples libres qu'elles avaient eu l'occasion de rencontrer auparavant semblaient filer le parfait bonheur... le mari se montrant galant homme envers sa compagne. Mais, n'est-ce-pas la moindre des choses quand un homme est civilisé et que l'épouse est aussi permissive?

Certaines, pour leur part, adhèrent à tout ce qui peut faire "hardi" ou "nouveau", pour afficher qu'elles n'ont pas de complexes sexuels. Pour être bien vu dans certains milieux, il est très important de démontrer qu'on est sexuellement libéré. Il devient très valorisant d'enfreindre ce qui est encore "tabou" au moment même où d'autres ont encore du mal à réussir une simple relation à deux. C'en devient presque une question d'honneur: on reste en arrière ou on suit son époque. Cela nous donne une certaine supériorité: on est rendu beaucoup plus loin que les autres dans son évolution. On a franchi certaines barrières. Et comme le snobisme est partout, on se retrouve, en ce domaine là comme ailleurs, avec les faux partisans de "l'échange", c'est-à-dire ceux qui n'y trouvent ni le bonheur ni le plaisir mais.. une image. Le snob veut avoir vraiment tout essayé, ne serait-ce que pour pouvoir donner en société l'image du blasé." Pour cela, il faut avoir "tout vécu". Pour eux, cela fait "retardé" d'avoir encore des interdits. S'ils n'expriment pas toujours un certain mépris pour la relation "à deux", ils en montreront très ouvertement leur désaffection. Il faut reconnaître que dans certains milieux, cela fait très intellectuel de pouvoir afficher cette forme de libération sexuelle.

Pour la femme, ce sera souvent aussi une question d'orgueil: tant qu'à être trompée, elle aimera mieux donner l'impression d'être d'accord et de profiter de la chose au même titre que son mari. Dans d'autres cas, le mari est un homme sans charme ou commence à se faire "vieux"; mais il demeure "matériellement" intéressant. Ce n'est guère excitant de "coucher" avec l'image du "bon père de famille". Par le biais de l'échange des partenaires, la femme ira souvent chercher des hommes qui ne l'auraient même pas regardée en temps ordinaire. Elle aura eu le loisir d'être dans les bras de partenaires vigoureux et sensuels. Pourquoi se rangerait-elle?

D'autres, enfin, auront vraiment cru qu'en procurant ainsi toutes les fantaisies qu'un homme pouvait espérer en ce domaine, il ne pourrait "trouver" de raison de les quitter.

C'est ainsi que la femme très bien installée socialement et matériellement, craignant de perdre un statut qu'elle commence à sentir fragile après plusieurs années de mariage, prendra souvent les choses en mains. "Il faut bien l'admettre, dira-t-elle, on ne peut pas passer sa vie auprès d'une seule personne et n'avoir jamais de désir ailleurs." Comme les amours "cachées" prennent parfois une importance dramatique dans la vie d'un couple et qu'elle risque alors de perdre ce luxe qui l'entoure, cette vie qu'elle aime, pourquoi ne deviendrait-elle pas en quelque sorte "l'entremetteuse" de son mari, tout en prenant, elle aussi, sa part de plaisir?

Il ne serait donc pas juste de penser que c'est toujours l'homme qui attire sa partenaire dans ce jeu. Il y a des cas où la femme, loin d'être victime, y trouve vraiment son plaisir pendant que le mari refoule sa jalousie... pour le retour. Mais les femmes, par pudeur sans doute, ne sont pas toutes assez honnêtes pour admettre qu'elles ont vraiment voulu tenter ce genre d'expérience, d'ailleurs, si elles y avaient trouvé la satisfaction qu'elles en attendaient, elles ne s'en plaindraient pas aujourd'hui. Parce qu'avec les années, elles ont changé de philosophie ou qu'elles connaissent maintenant le grand amour auprès d'un seul homme, elles reportent maintenant tout le blâme de cette affaire sur le mari et jouent les vierges offensées qu'on a entraînées là contre leur gré.

Dans nombre de couples, la femme est donc l'instigatrice de ce jeu. Voyant que son mari lui échappe, que leur relation amoureuse commence à devenir fade et triste, et le soupçonnant d'être en train de s'amouracher ailleurs et de façon sérieuse, l'épouse utilisera cette stratégie pour détourner le mari de la dangereuse inconnue ou pour l'empêcher d'évoluer vers cette alternative.

En femme lucide, elle n'espère rien d'une scène de jalousie; elle sait aussi que lui demander de faire un choix pourrait se retourner contre elle. Après tout, elle ne sait pas exactement où il en est dans ses amours, si ce n'est qu'il a tous les symptômes du mari.. qui se détache!

Comment alors lutter contre une femme qu'elle ne connaît pas...Comment la faire échouer dans ses espérances.. si ce n'est en proposant habilement au mari quelque chose de plus séduisant que "l'amour à deux", quelque chose de plus excitant et différent que l'amour clandestin? N'est-ce pas là un excellent moyen de garder un certain pouvoir sur les femmes qui approchent le mari? Il est tellement plus facile de combattre ou d'éliminer ses rivales quand on les connaît.

Elle l'amènera à penser "puisque toutes les femmes apportent le même plaisir... pourquoi s'amouracher d'une seule et se cacher pour l'aimer"... sous-entendu: "...jusqu'à ce que tu te lasses d'elle... ou de moi."

C'est la tactique de l'épouse: "Il me trompe MOI... il la trompera ELLE... sous mes yeux." L'épouse ne souffre pas alors de voir son mari avec d'autres femmes car elle ne voit pas alors un homme qui la trompe elle, mais un homme qui trompe "l'autre". Et c'est ce rejet de "l'autre" qui lui importe d'abord.

Il se croyait amoureux: elle l'a guéri en lui prouvant qu'il avait simplement besoin de "nouveauté". L'épouse a gagné quelque chose: son mari n'est plus attaché à personne en particulier. La maîtresse a finalement été éliminée et l'épouse se réjouit de sa victoire.

Les rôles sont renversés: la maîtresse se retrouve ici évincée comme une épouse ennuyeuse et "vieux jeu" alors que l'épouse devient la maîtresse apportant le piquant de l'interdit. Les maris ne rentrent pas tous à la maison... pour souffrir le martyre!

* * *

Cependant, toutes les histoires de ce genre n'ont pas cet heureux dénouement pour l'épouse. Il arrive en effet qu'après un certain temps, l'époux se lasse de cela comme du reste et parte à la recherche d'une "douce et gentille colombe" qui ne connaît rien à tout cela.

L'épouse qui permettait tout à son mari se sent trahie lorsqu'il lui apprend qu'il la quitte parce qu'il a rencontré une autre femme dont il est amoureux. Ce qui la consterne davantage, c'est d'apprendre que cette nouvelle femme est jalouse et possessive comme pas une... et qu'il en est heureux!

L'épouse dira: "Je croyais qu'il n'avait aucune raison de partir puisque avec moi, il était libre de faire tout ce qu'il voulait." Et elle ajoutera: "Ce qui me fait le plus mal dans toute cette affaire, ce n'est pas de savoir qu'il couche avec elle puisque je l'ai déjà vu faire des centaines de fois; mais c'est qu'après m'avoir "prêtée" à tout le monde... ELLE, il la garde jalousement pour lui. S'il l'amenait elle aussi dans ces endroits là, je serais beaucoup moins jalouse. S'il exigeait cela d'elle, je trouverais cela plus juste. Il la mettrait alors sur le même pied que moi. En la tenant à l'écart, en la gardant pour lui seul... et en étant heureux ainsi, je ne peux m'empêcher de comprendre que cette fois, c'est le grand amour. L'amour qu'on éprouvait autrefois lorsqu'on s'est rencontré."

Il est suprenant de voir qu'une femme qui n'a pas été jalouse de voir son mari "coucher" avec quantité de femmes sous ses yeux puisse devenir jalouse et malheureuse comme pas une lorsque son mari lui dit: "Celle-là, personne n'y touche. De toute façon, elle ne voudrait pas... et moi non plus." sous-entendu, dira l'épouse: "Ma femme elle, elle voulait n'importe quoi... et moi, je m'en fichais."

L'épouse a alors l'impression d'avoir été leurrée: "Il a vécu toutes ses fantaisies avec moi; maintenant qu'il est prêt pour le grand amour, non seulement je ne fais plus l'affaire mais il a l'audace de me dire qu'au fond l'amour ça se vit à deux et qu'il n'était plus très heureux à la fin, dans ce genre de vie."

L'épouse réalise sur le tard qu'elle a été bernée. Parce que le mari lui aura dit un jour: "Tant qu'à se tromper en cachette, aussi bien avoir la franchise de se faire les choses en face", elle a cru que le mari ne se permettrait jamais de rencontrer d'autres femmes en son absence.

Le fait qu'il ait rencontré une femme qu'il a connue ailleurs lui démontre qu'il a transgressé les règles du jeu. L'épouse qui a alors suivi le mari parce qu'elle préférait être trompée en sa présence réalisera que son mari lui a fait accepter une philosophie qui consitait à pouvoir la tromper à la fois en son absence et en sa présence.

* * *

Tout comme la femme, il arrive que l'homme se leurre dans ce genre de relation.

"Je l'avais épousée trop jeune et j'avais l'impression que je lui avais arraché sa liberté. Elle avait un très beau corps. Je sentais qu'elle traversait une période difficile, qu'elle avait besoin de vivre une foule d'expériences et plutôt que de les lui refuser, je l'ai presque encouragée à vivre ses fantaisies pour qu'elle ne puisse pas un jour me reprocher d'avoir été égoïste, de lui avoir fait gâcher ses plus belles années près de moi seul." Il a joué le jeu de la partager parce qu'il la sentait se détacher, qu'il sentait en elle un grand besoin d'être admirée et qu'il a cru qu'en la laissant se libérer selon ses désirs, elle n'aurait aucune raison de le quitter.

Elle voulait aller au bout de sa réalisation... "tout essayer... tout voir... tout connaître... tout faire..." Quelques années plus tard, elle part triomphante et heureuse au bras d'un homme qui l'adore et la veut pour lui seul.

"Cette vie-là est terminée, dira-t-elle. J'ai essayé de vivre sans jalousie, sans émotion, sans passion. Maintenant, je sais qui je suis, ce que je cherche. Et avec LUI, c'est différent" Et voilà... elle se range. La femme "qui se cherche" est parfois très difficile à comprendre car elle ne sait pas toujours exactement où la mènera son cheminement, si ce n'est que quelque chose manque à sa vie... d'où foule d'expériences de toutes sortes, afin d'en arriver à se trouver. Elle ne partira pas toujours avec un homme dont elle est amoureuse. Il lui arrive de partir pour "punir" l'autre: celui qui la laissait "se réaliser" dans les bras de tout le monde.

À cette époque, s'il s'était opposé à cette sorte de "réalisation" ou s'il avait été jaloux, elle aurait probablement trouvé qu'il était "dépassé" ou qu'il n'avait qu'à s'en aller. Par contre, après un certain temps, s'il ne dit toujours rien et qu'il semble n'éprouver aucune jalousie, elle ne trouvera pas normal qu'il ne soit pas jaloux.

Si par surcroît, il prend goût à la chose et qu'elle le voit de ses yeux se satisfaire avec d'autres femmes, elle aura honte d'avoir à reconnaître que les rôles sont renversés et que c'est elle qui souffre. Elle ne peut lui reprocher d'avoir pris goût à une idée qui était d'elle mais elle ne lui pardonnera pas pour autant.

Elle n'avait pas prévu que le voir dans les bras d'autres femmes la troublerait. Il était tellement amoureux d'elle. Tout ce qu'elle avait imaginé alors, c'était les hommes à ses pieds et un mari qui continuerait de prétendre qu'elle était encore et toujours la femme de sa vie.

Pour le punir d'avoir pris plaisir à la chose, elle attendra de rencontrer un homme qui puisse être assez amoureux d'elle pour lui proposer une vie plus décente. Ce qu'elle recherche en le quittant, c'est souvent une sorte de preuve d'amour: l'avoir vu malheureux, ou le voir souffrir lorsqu'elle est partie.

* * *

Quoi qu'il en soit de ces sortes d'amour et des motifs qui ont pu les provoquer, il s'est trouvé des hommes qui, après avoir demandé à leur épouse de faire l'amour devant eux, avec une autre femme, ont par la suite quitté leur épouse en prétendant qu'elle était une homosexuelle.

Avec le temps, l'épouse a découvert qu'elle préférait les relations homosexuelles que les relations... avec son mari. Il en a profité pour partir.

Très souvent, dans ce genre de relation, l'épouse conviendra qu'elle n'avait pas tellement le choix dans ses préférences: la participation de l'autre femme étant beaucoup plus active que celle du mari.

Est-elle homosexuelle ou s'est-elle laissée abuser? "Mais ce qu'il y a de pire quand un homme comme ça vous quitte pour une autre, c'est de penser que c'est lui qui vous a rendue comme ça, pour ensuite vous le reprocher. Et c'est aussi d'apprendre que "l'autre" à elle seule lui suffit, qu'il l'aime assez pour "ne plus avoir besoin de ça", ou encore d'entendre dire que celle-là, il la respecte".

Très souvent, pour se vanter de ce qu'il aura connu, il racontera à tout le monde, et dans les moindres détails, tout ce que son ex-femme a pu faire jadis avec d'autres femmes, devant lui.

* * *

On serait porté à croire que les défenseurs de l'échange des partenaires ne connaissent jamais de frustrations sexuelles puisqu'ils se permettent tant de libertés. Or, il leur arrive de convoiter des gens, de se donner un mal fou pour les séduire pour finalement se retrouver face à un échec, en fin de soirée, c'est-à-dire seul avec le conjoint, pour passer la nuit. Errant comme deux âmes en peine, à la recherche de partenaires, ils ont tenté d'approcher la jolie blonde rencontrée à la piscine de l'hôtel mais le mari était là... et veillait. Ce soir-là, ils ont dû regagner leur chambre... seuls!

Ils ont continué à la pourchasser jusqu'à ce qu'ils comprennent que malgré ses airs délurés, elle n'était pas intéressée à les suivre... dans leur philosophie. Ils ont vécu alors ce rejet avec la même déception que tout amant évincé peut ressentir, dans les mêmes circonstances.

Un cocktail très spécial

Pierre a une très jolie femme que plusieurs lui envient. Lors d'un cocktail, elle a rencontré un couple qui se montrait on ne peut mieux attentionné envers elle. Cela ne l'a guère surprise, car il est très fréquent qu'après avoir présenté sa femme aux gens, Pierre se retrouve, en fin de soirée, avec plusieurs invitations pour un prochain cocktail.

Mais ce dernier cocktail avait quelque chose de particulier. Les hors-d'oeuvre à peine servis, ils réalisent que les invités manifestaient certaines audaces qui ne mentaient pas sur leurs intentions. Certains avaient même passé le stade des intentions.

Catherine, la femme de Pierre, trouve pour sa part l'entrée en matière trop rapide. La main sur l'épaule n'y est déjà plus... et elle comprend qu'il lui faut se désister au plus tôt, si elle ne veut pas que les choses prennent davantage d'ampleur.

Sans défendre ses couleurs et ne manquant pas d'aplomb, elle s'est levée en disant: "Chacun sa philosophie! Où est mon manteau?..." Et voyant son mari aux prises avec l'épouse de son agresseur, elle a simplement ajouté: "Tu viens, chéri, ou tu restes? Décide-toi rapidement, car je pars avec la voiture."

Mais voilà, le couple convoiteur, leurs hôtes, loin de les laisser tranquilles, décide de les confondre et d'ouvrir une discussion dans le but évident de mettre Catherine et Pierre dans l'embarras. Et l'assaut commence: "Avec ce visage-là, tu ne me feras pas croire que tu n'as jamais trompé ton mari... Et toi, avec les femmes qui te tournent autour, dans ta profession, tu ne me feras pas croire que tu n'as jamais trompé ta femme. Alors, vous êtes deux hypocrites."

Catherine se fâche alors: "Mais de quel droit osez-vous toucher à la vie privée de mon mari quand je suis sa femme et que je ne me le permettrais même pas? Il a passé l'âge de rendre des comptes... à d'autres qu'à lui-même. Je ne suis pas sa mère et il n'est pas mon fils, que je sache!"

Voyant que Pierre et Catherine ne céderaient pas, l'épouse du mari repoussé, un brin humiliée, tente alors de les ridiculiser: "Laissons-les... ils préfèrent se faire croire qu'ils sont encore tout l'un pour l'autre... après quinze ans de mariage!"

Catherine, qui ne s'en laisse pas imposer, réplique aussitôt: "Non. Pas du tout. Nous... on serait plutôt du genre "indépendant". Et j'oserais difficilement me prétendre libérée de mon conjoint si, pour jouir dans les bras d'un autre, il fallait que je tienne la main de mon conjoint ou qu'il soit assis au pied de mon lit!"

Pierre aurait préféré que Catherine n'insiste pas. Catherine, qui est plutôt du genre tigresse, n'insiste pas... quand on n'insiste pas. Mais si on insiste... alors, on est servi!

Avant de quitter les lieux, elle a cru bon d'ajouter: "La vérité, c'est que tant qu'à tromper mon mari, j'aimerais bien choisir moi-même. Et c'est encore mon privilège, je pense, de tromper mon mari si j'en ai envie, dans son dos et avec qui me plaît. Je n'aime pas qu'on choisisse pour moi, à l'avance, les hommes qui devraient me plaire. Et si le message n'est pas assez clair, je préciserai que les hommes qui sont ici ne me plaisent pas.

"Dans ces circonstances, au risque de vous vexer, je ne vois pas pourquoi je m'obligerais à coucher avec des hommes qui me laissent indifférente, sous prétexte que je ne suis pas une hypocrite. À bon entendeur, salut!"

Et sur ce, Catherine leur a tiré sa révérence en ajoutant: "Je suis, hélas une hypocrite... qui a du goût!"

* * *

On pourrait évidemment débattre très longtemps la question. Quoi qu'il en soit, les adeptes de l'échange des partenaires ne sont pas tous aussi "insistants". Certains tentent simplement leur chance, s'ils échouent, ils se retirent sans faire d'embarras.

Pour Catherine, ce qui sauve sa relation, c'est son droit de respirer sans l'autre. Pour elle, quand on sait tout de l'autre et qu'on se modèle à ses moindres désirs, le mystère disparaît. Et si le mystère meurt, l'intérêt également. Pour les gens comme Catherine, aimer c'est respecter l'indépendance de l'autre, son droit de vivre. Il leur est impossible de comprendre que ces gens-là ne se lassent pas de se retrouver toujours ensemble, où qu'ils aillent et quoi qu'ils fassent! Qu'ils se suivent partout... même là! Pour d'autres, il n'y a qu'une façon de vivre: tout vivre à deux... même ses adultères.

* * *

Dans certains milieux bien éduqués, beaucoup d'hommes peuvent vivre et faire vivre cette forme de relation à une femme, sans la détruire après. Elle est leur "égale" et, à ce titre, elle a le droit de prendre part aux mêmes plaisirs qu'eux. Ils ont un grand respect pour leur épouse et ne permettraient pas qu'on tente de la diminuer, parce qu'elle ose... ce dont elle rêve.

Dans d'autres milieux cependant, il faut reconnaître que beaucoup d'hommes n'ont rien compris de la philosophie ou des règles de "l'échange" et ne veulent pas en savoir davantage, à part le fait que cela leur permet de vivre toutes leurs fantaisies sans interdit et sans culpabilité. Par la suite, ils ont tendance à traiter leur femme avec mépris... ou comme si elles n'étaient "rien" à leurs yeux. Psychologiquement, elle n'est plus leur femme. Le mari se demande même pourquoi il devrait la supporter davantage que son copain qui en a obtenu les mêmes faveurs. Et l'épouse souffre de ne plus avoir le respect de celui qui lui parlait de ses droits à l'égalité.

Très souvent, pour l'homme, il s'agit là de simples expériences de plus à sa vie, dont il se remettra par la suite. Mais lorsqu'il se rangera, il demandera généralement la garde des enfants en prétextant que son épouse mène une vie désordonnée, traumatisante pour eux. Il l'obtiendra sans difficulté en démontrant que son retour à une vie plus décente assure une plus grande stabilité pour l'enfant que celle de son épouse.

Chapitre 7
Les métamorphoses

L'amour dans la dépendance

Il arrive souvent que l'ancienne maîtresse déçue se demande: "Pourquoi n'ai-je jamais réussi à inspirer ce grand sentiment qui fait qu'un homme quitte sa femme alors que ma meilleure amie, qui n'a rien de plus que moi, en a fait divorcer deux et soupirer un troisième?"

Peut-être le hasard a-t-il permis à son amie d'avoir affaire à des hommes légers ou mal mariés alors qu'elle s'est attachée à un homme réfléchi et "bien marié", ce qui a rendu la conquête plus difficile. Peut-être aussi l'amie n'a-t-elle aucune exigence dans les relations qu'elle tente d'établir; si toutes deux avaient les mêmes critères, elle en serait elle aussi à sa cinquième demande en mariage.

Quoi qu'il en soit, il y a des femmes qui ne valent pas un chagrin d'amour et qui ont été la cause de suicides et vous êtes là, à vous demander pourquoi. Comme tout le monde, vous lisez les journaux et vous êtes toujours intrigué de retrouver en première page le portrait d'une femme horrible, victime du grand crime passionnel de l'année...et vous êtes là à crier à l'injustice, vous qui n'arrivez même pas à provoquer un divorce! Et bien sûr, quelque peu envieuse, vous vous demandez d'où lui vient son succès.

Si on est d'abord tenté d'en rire, on doit cependant reconnaître qu'il y a souvent dans ces alliances étranges, l'histoire d'un amour basé sur la dépendance. Privé de son complément, le conjoint n'existe plus.

En conséquence, la femme rusée, consciente de l'impact d'être un complément dans sa relation amoureuse, s'arrangera pour provoquer le besoin de sa personne, afin de devenir le "complément" de la personne qu'elle aime. Elle verra donc à inspirer l'amour qui crée les attaches parce qu'elle sait que la seule façon d'aimer dans la sécurité, c'est de devenir indispensable à "l'autre". La reconnaissance ne crée-t-elle pas la dépendance?...

Le conjoint aura su créer la bonne dépendance. Une femme le moindrement intelligente sait bien qu'on n'approche pas un homme heureux et satisfait de la même façon que celui qui souffre d'un sentiment d'abandon qui a marqué sa vie, ses attachements, ses amours.

Une femme qui ne voudrait pas profiter de la dépendance pour s'installer dans la vie de cet homme lui ferait plutôt remarquer: "N'y a-t-il pas chez toi une forte tendance à...", afin de l'amener à prendre conscience de son problème.

À ce moment-là, elle démontre qu'elle ne veut pas vivre un amour fondé sur de fausses affinités ni même sur la possibilité de devenir pour lui le complément...d'un problème d'ordre psychologique sérieux.

Les femmes diront très souvent: "Je n'ai pas de problèmes avec lui. Au fond, il faut savoir le prendre". Il est évident qu'il faut "savoir prendre" tout le monde, à certaines heures. Il faut savoir prendre son professeur, son patron. On n'a pas le choix. On devient manipulateur pour garder son emploi... mais jusqu'où va la tolérance de l'épouse ou de la maîtresse pour garder l'homme qu'elle aime?

Supporter un mari ou un amant qui est gentil deux jours pour ensuite devenir hystérique pendant deux semaines, et dire simplement: "Dans ce temps-là, je m'en vais chez ma mère ou j'essaie de le calmer"; ou encore: "On encaisse les coups... il le regrette après", désigne souvent l'indulgence de certaines épouses.

Dans cette perspective de la dépendance, beaucoup de femmes ont presque encouragé l'alcoolisme de leur mari en disant: "Tant qu'il y a de l'alcool à la maison, il ne sort pas"; ou encore: "J'aime autant qu'il boive ici... qu'à la taverne ou dans les clubs avec des "filles". Elles ne disent pas: "j'aimerais qu'il cesse de boire" mais "qu'il boive ici".

Pour s'attacher quelqu'un, on ira jusqu'à encourager ses faiblesses et on se flattera d'entendre: "Tu es vraiment merveilleuse. Il n'y a personne au monde qui pourrait m'endurer à part toi." Non seulement une femme ne se vexe pas d'entendre cela, mais elle en est très souvent consciente et heureuse.

Heureuse jusqu'au jour où "l'autre" se réveille, prend conscience de son problème et veut changer. Ou encore jusqu'au jour où l'ancien tyran traité comme un empereur chez lui fait une dépression nerveuse et aboutit chez le psychiatre. L'homme qui se sera transformé voudra-t-il encore avoir la même femme à ses côtés?...

Certaines femmes recherchent donc plus ou moins consciemment à se faire aimer par des hommes qui présentent des problèmes affectifs ou physiques sérieux afin de se les attacher à vie. L'amant dépressif, qui s'accroche alors à elles, aurait probablement besoin de soins psychiatriques. Mais certaines femmes sont si heureuses de voir enfin un homme s'attacher à elles qu'il leur importe peu de connaître les raisons de cette passion ou même de savoir s'il a toute sa raison. Tout ce qu'elles demandent, c'est qu'il n'en guérisse jamais. Indirectement, cela revient à dire: "Continue d'avoir des problèmes ou d'être dépressif... pendant ce temps tu ne peux te passer de moi... et cela me donne une occasion de m'occuper de toi, de te prouver mon attachement."

Pour beaucoup de femmes, le fait que l'homme qu'elles aiment ait besoin d'elles leur suffit. Elles alimentent et entretiennent ce besoin de dépendance et seront fières de pouvoir dire bien naïvement: "Il ne peut se passer de moi"; ou encore:

"Il m'aime à la folie", quand elles ne se glorifient pas d'avoir provoqué une tentative de suicide, oubliant que dans son état, s'il ne s'était pas suicidé par amour, il se serait probablement suicidé pour une autre cause perdue. Le seul sentiment qu'elles ont réellement inspiré, c'est le sentiment de dépendance soit en répondant aux attentes de l'autre, soit en créant des attentes.

On confond souvent le besoin de dépendre de quelqu'un avec l'amour. Les raisons qui nous mènent à aimer et chérir une personne sont souvent nos propres faiblesses. On est attiré par la personne qui peut le mieux combler nos lacunes. On se sent timide: on cherche alors la protection d'un être fort, capable de poser les gestes qui nous effraient. L'amour durera tant que les faiblesses dureront. Quand le timide ne sera plus timide, quel besoin aura-t-il de cet être supérieur ou qu'il croyait supérieur? Quand on peut voler de ses propres ailes, ne quitte-t-on pas le nid...

Quand un partenaire est choisi pour répondre à un besoin et que ce besoin disparaît, qu'advient-il de l'amour...Lorsque la femme se trouve guérie de son besoin de dépendance ou de soumission, elle n'a rien à faire du dominateur qu'elle avait d'abord cherché. La séparation devient alors inévitable. C'est pourquoi beaucoup de gens préfèrent continuer d'aimer les yeux fermés plutôt que de remettre en question le choix qu'ils ont fait à une certaine époque de leur vie.

Certains diront alors que c'est lâcheté. D'autres diront que c'est simplement être assez réaliste pour se dire que nul n'étant parfait, aussi bien s'accommoder de ce qu'on a que de tout recommencer à zéro, pour se retrouver au même point, et parfois dans une situation plus pénible.

Quoi qu'il en soit, les conjoints se plaignent souvent de l'autre en disant: "Comment ai-je pu l'épouser?" Du moment que la personne ne comble plus aucun besoin, on se demande ce qu'elle fait dans notre vie. On ne s'explique pas son ancien choix et on se demande par lequel des hasards on a pu être attiré ou tomber sous le charme de cette personne.

Par orgueil, parce qu'on ne veut pas admettre qu'on ait pu, à une époque de notre vie, aimer ou être identique à ce conjoint qu'on trouve aujourd'hui "dépassé", on se fait croire que le conjoint était alors bien différent d'aujourd'hui, c'est-à-dire mieux sous tous rapports; mais il n'a jamais été différent, et le temps ne l'a changé en rien.

Pour se faire pardonner son mauvais mariage, le mari dira aux amis, parfois même à sa maîtresse, que l'épouse "était beaucoup mieux que ça dans le temps" alors, qu'il reprochera justement à l'épouse d'être restée la même, de ne pas avoir changé. Il lui expliquera qu'il se sent maintenant seul dans ce mariage et qu'il cherche quelqu'un qui puisse mieux comprendre ses nouvelles aspirations. Quand un homme parle ainsi, c'est souvent qu'il a déjà trouvé la personne en question.

Est bien naïve l'épouse qui promet alors de changer pour mieux s'ajuster à lui. C'est peine perdue. Il a déjà jeté son dévolu ailleurs et il ne sait plus par quelle formule polie lui faire comprendre que c'est fini. Rien ne sert à l'épouse de s'accrocher et de promettre de changer, pour mieux lui convenir.

Quand un homme parle de vouloir laisser une chance à l'épouse de changer, c'est souvent qu'il manque de courage pour lui apprendre la vérité tout d'un trait. Il prépare habilement sa sortie qu'il voudrait discrète et sans heurts. Il procède par étapes. Il sait bien, au fond de lui-même, que son épouse change ou non, il n'y a rien à faire, il aime ailleurs. En agissant ainsi, il a préparé sa femme à une mauvaise nouvelle, car il pourra toujours dire après un certain temps: "Il n'y a rien à faire, ça ne marchera jamais entre nous."

Lorsqu'on change soi-même, qu'on devient différent et qu'on veut autre chose, cela nous permet-il de reprocher à l'autre de n'avoir pas changé au cours des années? Ça ne faisait pas partie des termes du contrat. On ne marie pas quelqu'un pour qu'il change, pour qu'il devienne autre que ce qui nous a poussé à l'épouser. Est-ce qu'on épouse quelqu'un pour les qualités qu'il pourrait avoir s'il était autrement? Non, on l'aime sans condition. Pour ce qu'il est et comme il est.

Dès lors, comment la femme peut-elle prévoir que les qualités qui l'ont fait épouser seront les mêmes qui la mèneront à la séparation? En quoi une personne peut-elle s'attendre à ce que ses qualités la perdent? Un tel dénouement est imprévisible.

Pourtant, c'est le cas de beaucoup d'hommes qui ont fait l'erreur de se marier alors qu'ils étaient sur les bancs de collège ou de l'université.

Le mariage de l'étudiant

De famille modeste, il lui fallait être partout en même temps pour joindre les deux bouts. Puis tout à coup, le hasard faisant merveilleusement bien les choses, le voilà qui rencontre la "sténo-dactylo" prête à tout pour le rendre heureux. Comme il est sans le sou, il cherche la personne qui l'aime pour ce qu'il est. Sincèrement et profondément.

Elle l'aime. Il l'épouse...parce qu'elle est aimante, pas exigeante, économe et pleine d'autres talents et vertus qui le comblent. Elle l'aide à payer ses études. C'est charmant, mais ce n'est pas pour ça qu'il l'a épousée. Elle était vraiment la femme qu'il cherchait alors. Mais voilà, le temps a passé. Il a "réussi"; il est enfin "arrivé" et ne veut plus jamais entendre parler de son passé. Il a rêvé de lui offrir la grande vie qu'elle mérite. L'époque de la famine est terminée et c'est avec elle qu'il veut fêter ce grand jour de l'abondance. L'époque de la médiocre bouteille de vin du dimanche est terminée et il se promet d'ouvrir chaque jour une bouteille de champagne.

Mais...elle était plus heureuse lorsqu'il était étudiant. Elle souffre de tous ces amis qu'il faut rencontrer; lorsqu'il pense à la sortie en tête-à-tête, elle trouve que c'est folie de gaspiller autant d'argent en une seule soirée. Lui qui avait tellement hâte de la sortir de cette misère s'aperçoit qu'elle n'en a jamais vraiment souffert. Elle était faite pour la "petite vie". Ce n'est pas une mondaine et elle n'est pas à l'aise dans le milieu des affaires.

Maintenant qu'il peut tout s'offrir, il n'arrive pas à comprendre qu'il doive continuer de se priver de tout pour la garder heureuse. Elle ne sait pas recevoir les amis du samedi soir et encore moins le vice-président de l'entreprise. Elle ne sera jamais une bonne hôtesse et elle s'en rend compte. Si au moins elle était douée pour la conversation, ça compenserait; mais elle n'est pas davantage choyée de ce côté-là. Si elle était d'une rare beauté, ça pourrait également compenser, mais ce n'est pas le cas. À part sa timidité et sa maladresse à mettre le couvert pour les grandes occasions, elle se demande ce qu'elle fait dans ce décor. Elle s'ennuie du temps où elle lui préparait de délicieux sandwiches pendant qu'il étudiait et déteste cette vie où on s'embarrasse de mettre les petites assiettes dans les grandes .

Ses grandes qualités d'économie ne sont pas une marque d'amour mais une question de tempérament. Ses vêtements manquent de classe et on dirait que les bons parfums ne sont pas pour elle. Tout ce qui est cher l'effraie encore et ses achats sentent le budget du mari à faible revenu. Il en est très conscient et mal à l'aise.

Il l'apprécie de moins en moins. Il regrette que pendant ses longues années d'études, elle n'en ait pas profité pour lire davantage. Lorsqu'ils veulent discuter, soit ensemble, soit avec les amis, il s'aperçoit que non seulement elle n'a rien à dire mais que très souvent, elle voudrait se voir ailleurs...et il en souffre.

Il voudrait et pourrait maintenant s'offrir une femme avec un peu plus de panache. Il reconnaît toujours ses grandes qualités de coeur mais elle n'est plus la compagne idéale. Ils n'ont plus rien en commun et même aujourd'hui il réalise qu'à part leur ancienne pauvreté, ils n'ont jamais véritablement rien partagé. Elle a de grandes qualités mais...pour un autre homme: celui qu'il était autrefois et qu'il ne veut plus être aujourd'hui. Il lui reste fidèle par reconnaissance. Après tout, c'est un peu grâce à elle qu'il est ce qu'il est, aujourd'hui.

* * *

Il arrive également des situations complètement inverses. C'est le cas alors de la "sténo-dactylo" qui rêve de la grande vie. Patiente et ambitieuse, elle l'a épousé pour le statut qu'il aurait un jour en sachant très bien que les privations ne seraient que temporaires. L'étudiant devenu patron ne reconnaît plus son ancienne femme qui semble maintenant plus amoureuse de son train de vie que de son mari.

Il voudrait continuer à vivre, malgré sa réussite, dans la même simplicité et loin de tout ce monde des affaires qu'il côtoie chaque jour. Il a maintenant de l'argent et voudrait vivre pour sa famille et non pour ces réceptions qu'il trouve inutiles. Il apprécierait les fins de semaine à la campagne; elle préfère les mondanités. Il regrette son ancienne tranquillité, ce qui signifie pour elle, rester à l'écart. Il se dit qu'on peut très bien rester soi-même tout en étant riche et elle repond que si on reste exactement le même, ça ne vaut pas la peine d'être riche.

Auparavant, il ignorait qu'elle manquait de goût. Maintenant qu'elle peut se permettre luxe et fantaisie, elle le déçoit un peu plus chaque jour. Il est gêné de tout ce "clinquant" dont elle s'entoure. Ils ne se comprennent plus et elle lui fait parfois franchement horreur. Quand on lui dit qu'il a réussi, il hausse les épaules. On peut lire dans ses yeux une certaine nostalgie.

Quand l'un des conjoints change, "l'autre" doit-il en faire autant pour mieux s'ajuster à lui?

Il est étrange de voir des couples divorcer parce que "l'autre" n'est plus comme au premier jour, alors que d'autres se séparent justement parce que "l'autre" est resté le même. A-t-on le droit d'exiger que "l'autre" change pour mieux nous plaire ou s'adapter à notre nouvelle personnalité? Demander à l'autre de changer, n'est-ce pas exiger de lui qu'il soit malheureux, pour nous être agréable. Et pourquoi ne serait-ce pas nous qui devrions rester les mêmes pour être plus près de l'autre...Qui dit que c'est bien notre personnalité qui doit être imitée et non celle de l'autre. Est-ce qu'on est nécessairement mieux parce qu'on a changé. Il est étonnant de constater cette manie qu'ont les gens de faire exprès de s'attacher à leurs contraires pour ensuite leur reprocher justement cette dissemblance.

Comment peut-on exiger de quelqu'un qu'il détruise l'essence même de sa personnalité? Il serait tellement plus simple de prendre quelqu'un qui est déjà comme on aime...ou qui a des différences acceptables.

On ne réussit souvent qu'à changer les gens en surface et encore...que pour une période bien précise: le temps de la peur...(la peur de perdre "l'autre"), le temps que l'ultimatum fasse son effet.

Les gens ont pour habitude de parler de leur changement en termes d'évolution, laissant entendre que celui qui n'a pas suivi leur cheminement est resté en arrière. En conséquence, celui des deux qui a progressé est nécessairement celui qui a changé.

On peut prendre conscience et faire prendre conscience à son partenaire qu'on a changé sans pour autant exiger ou espérer qu'il en fasse autant. C'est à nous de juger si cette différence est acceptable.

Est-ce que l'amour devrait supposer des conditions de changement... Est-ce qu'on dit: "Je t'aime à condition que..."? On peut cependant dire: "Je vais demeurer avec toi à condition que..."; mais alors, on ne parle plus d'amour. On peut donc accepter de rester marié à quelqu'un moyennant le respect de certaines conditions; on peut également rester fidèle moyennant ces mêmes conditions mais on ne peut plus appeler cela de l'amour. Comment peut-on prétendre aimer quelqu'un et en même temps exiger de lui qu'il joue un personnage toute sa vie? Que de fois ne voit-on pas l'introverti exiger de sa compagne extravertie qu'elle se montre plus paisible ou moins audacieuse en société, qu'elle surveille ce qu'elle doit dire, qu'elle fasse moins d'éclats, qu'elle garde ses originalités et ses excentricités pour la maison...si possible, qu'elle passe inaperçue dans la foule bref, qu'elle ressemble à la femme qu'elle n'est pas...

Il domine, il écrase et il appelle ça de l'amour. Comment peut-on, en raison de l'amour, exiger que l'autre renie son identité et comment cet "autre" ne serait-il pas en droit d'exiger, au nom de ce même amour qui les unit, qu'on l'accepte tel qu'il est...ou qu'on aille se faire aimer ailleurs.

Vouloir ainsi transformer l'autre pour l'amener à nous ressembler, n'est-ce pas finalement prétentieux? Cela ne revient-il pas à dire qu'on est le modèle à qui il faut ressembler et qu'en dehors de ce modèle, rien d'autre n'est valable ou intéressant?

Il y a certes une grande distinction à faire entre le fait de vouloir changer la personnalité de l'autre et le simple fait de vouloir corriger ses manies déplaisantes. L'un vise à changer le partenaire en ce qu'il est tandis que l'autre vise plutôt à changer ce qui est superficiel chez lui, ce qui n'a pas de racines profondes. On peut certainement demander à un conjoint de cesser de remplir les cendriers jusqu'à ce qu'ils débordent sur le tapis fraîchement nettoyé...sans qu'il y ait là matière à renier ou remettre en question son identité. Celui à qui on demande de changer doit se demander s'il est capable du changement qu'on attend de lui et être suffisamment honnête pour ne s'engager que s'il est réellement conscient des conséquences de son acceptation.

Le jaloux, par exemple, qui s'engage à ne plus être ou à faire de sérieux efforts pour se corriger, promet quelque chose qui est au-dessus de ses forces. Et l'autre, qui est assez naïf pour le croire, se prépare à être grandement déçu. On ne peut certes pas guérir de cette terrible maladie en une seule nuit.

Avant de promettre de changer, il y aurait peut-être lieu de vérifier si l'accusation est bien fondée. Celui qu'on traite de jaloux, par exemple, l'est-il réellement ou n'est-il pas simplement assez intelligent et perspicace pour avoir compris ou supposé qu'il était trompé?

Bien des infidèles, qui veulent tromper leur partenaire en toute quiétude, recourent souvent à ce stratagème: en arriver à culpabiliser le conjoint inquiet, le torturer jusqu'à ce qu'il ait si honte d'être jaloux qu'il n'osera plus poser de questions. L'infidèle dira par exemple: "Si tu n'arrêtes pas de penser que je "sors", je vais finir par "sortir" pour vrai."

L'amant trompé se tait; il a même promis de corriger sa jalousie. Pendant ce temps, l'infidèle trompe son partenaire dans la joie et dans la paix. Il peut vivre paisiblement ses amours sans être dérangé ni tourmenté. Celui qui demande un changement est-il en droit d'exiger? Le mari qui reproche à sa femme d'être trop agressive et qui lui demande d'adoucir sa personnalité, devrait peut-être se demander quelle sorte de mari il serait ou dans quelle sorte de maison il vivrait, si sa femme était du genre "doucereux". Il serait peut-être le premier à quitter les lieux car tout serait dans un tel fouillis qu'il ne s'y retrouverait plus.

Celui qui dit à sa femme: "Tu prends toujours toutes les responsabilités, ça devient gênant," devrait peut-être se demander QUI prendrait les responsabilités si sa femme n'était pas là. Qui doit alors changer? Celui qui demande le changement ou celui à qui on demande le changement?

Les pièges des changements

Les deux conjoints changent pour ressembler à l'autre

L'histoire de Pierre vs Gisèle

Version de Pierre

Elle était faite, disait-elle, pour les cocktails et les mondanités. Moi, je préférais ma solitude et mes dossiers.

Il faut dire que je craignais un peu ces amitiés qui se poursuivent en dehors des heures de travail. Les meilleurs copains peuvent devenir très ennuyeux après un certain temps. Je me suis donc objecté à ces réceptions qu'elle avait l'intention d'organiser. Je me suis "battu" pour qu'on reste chacun chez soi et qu'on ne sache rien de la vie des autres. Mais ma femme ne l'entendait pas ainsi et chaque vendredi, elle m'appelait au bureau... "Et si on invitait Jacques?", disait-elle. "Non...non...une autre fois" lui répondais-je dans l'espoir qu'elle finisse par comprendre que je n'étais pas intéressé. Quand je rentrais chez moi, elle m'attendait, agressive: "Tu es un parfait égoïste...est-ce que tu crois que c'est une vie de rester enfermée sans jamais voir personne?" Je m'emportais: "Je n'ai donc pas assez de les souffrir de 9 à 5, je vais donc devoir les supporter dans mon intimité, les fins de semaine!"

Finalement, comme j'aimais ma femme, j'ai cédé. J'ai donc accepté de faire partie d'une bande de bons viveurs qui se fréquentaient les fins de semaine. Je dois dire qu'avec les années, j'y avais même pris goût parce qu'on organisait toujours quelque chose d'assez spécial: Paul est un bon chasseur, Jacques un excellent pêcheur de sorte qu'on fêtait immanquablement le gibier ou le poisson. Mais à la fin, j'avoue qu'on fêtait n'importe quoi.

Après un certain temps, ma femme s'est mise à changer. Elle ne voulait plus voir de monde; elle maugréait chaque fois qu'elle devait recevoir ou que nous étions invités quelque part. "Ça donne du travail, ça abîme les meubles et on dit toujours les mêmes choses. J'ai l'impression qu'on "radote", qu'on se voit trop. Je connais les histoires de ton ami Paul par coeur !"

C'était le monde à l'envers. J'étais devenu ELLE et elle était devenue MOI. On ne se rejoignait toujours pas. Il aurait fallu que l'un de nous reste celui qu'il était pour que l'autre le rejoigne, mais on avait changé tous les deux, pour plaire à l'autre.

Autrefois, ma femme se plaignait que je n'étais pas sociable et qu'elle en souffrait beaucoup. Quand elle est partie avec "son misanthrope", personne n'a compris son revirement et tous lui ont reproché d'avoir choisi pire. Elle s'était amourachée d'un homme en tous points identique à ce que j'étais au début de notre mariage: un solitaire, un paisible, un gars que je considérerais aujourd'hui comme ennuyeux.

Si je n'avais pas changé, c'est-à-dire si j'étais resté le solitaire que j'étais, est-ce qu'elle aurait fini par m'apprécier ou s'il était écrit quelque part qu'elle devait me quitter. Bref, avec le temps, aurait-elle fini par apprécier une vie tranquille ou s'il fallait à tout prix qu'elle vive elle-même toutes ces réceptions, pour en arriver à apprécier la solitude.

Quand elle est partie, elle s'est excusée. Elle était désolée, disait-elle. "Ça m'a pris des années à comprendre que les cocktails ne sont bons qu'à échanger des sornettes ou à vous rendre alcooliques. Les amis deviennent trop intimes et, sous prétexte qu'ils vous connaissent, ils rentrent dans votre vie privée, comme s'ils étaient de la famille. Ils finissent par prendre trop de place et on les laisse gâcher notre vie, trop lâche ou trop poli pour leur dire de nous laisser vivre notre vie à notre façon et en paix."

Elle semblait regretter ces longues années perdues en mondanités. Elle expliquait..."On se laisse influencer par les uns et par les autres. On fait ce "qu'un tel" nous a conseillé de faire "entre deux verres". Finalement, l'autre perd ses droits et privilèges à cause d'"un tel" qui a donné un conseil de trop."

Elle citait pour exemple le cas de Lucien qui avait, disait-elle, causé la séparation de Paul et Ginette. Lucien trouvait que Paul était trop généreux avec Ginette et lui avait conseillé d'être plus sévère, en invoquant que son meilleur ami avait déclaré faillite.Finalement, Paul qui avait l'habitude de laisser toute latitude à Ginette dans ce domaine, s'est mis brusquement à lui demander des comptes. Elle n'a pas apprécié de se faire talonner ainsi et se plaignait à tous: "Paul devient radin en vieillissant", pour finalement l'abandonner à ses "piastres" et sa peur de la faillite. Elle en avait marre, disait-elle, de toutes les méchancetés dont elle avait été témoin: "Ce ne sont pas des amis." À celui qui est au bord de la faillite, on dira: "Tu devrais changer de voiture, c'est une honte de circuler avec une voiture pareille". On essaie de le coincer pour qu'il avoue qu'il est en mauvaise posture financière.

Gisèle m'a expliqué que petit à petit, elle rentrait toujours à la maison malheureuse, sans savoir exactement pourquoi. Elle recevait maintenant avec angoisse, en se demandant ce qu'on allait dire de désagréable au cours de la soirée.

Puis, elle avoua: "On m'a fait découvrir que j'étais ton esclave, je ne le savais pas. Je crois que c'est comme ça que j'ai commencé à te haïr. Je t'épiais durant la semaine, j'étudiais chacune de tes phrases pour l'analyser et tenter de leur donner raison. Bref, ça ne m'avait jamais dérangé de te faire le café et là, ça s'est mis à me déranger."

Et puis, elle s'est sentie prise dans une sorte de souricière où les autres décidaient de sa vie. Quand elle a compris qu'elle s'était laissée abuser pendant toutes ces années, sans s'en rendre compte, elle était furieuse. Contre elle d'abord, contre les faux amis ensuite.

Je lui ai alors reproché de ne pas m'en avoir fait part; mais je crois qu'au fond, ça n'aurait rien changé. Je n'aurais sûrement pas accordé d'importance à ce genre de propos et au lieu de refuser les invitations, j'aurais plutôt essayé de la raisonner en lui disant: "N'écoute pas ou ne t'en fais pas avec ce que Louise peut dire, tout le monde sait que c'est une frustrée." Aujourd'hui, je reconnais que j'y aurais porté peu d'attention car je n'aurais pu croire qu'une femme puisse se gâcher l'existence pour un simple cocktail.

C'est quand je l'ai vue partir avec cette espèce de sauvage que j'ai compris à quel point elle voulait nous fuir tous. À l'époque, elle ne pouvait pas dire que les réceptions la rendaient malheureuse car elle ignorait elle-même que c'était cela précisément qui la rendait malheureuse. Il a fallu ce nouvel homme dans sa vie pour lui faire prendre conscience que cette existence lui pesait et que ces amitiés-là l'embêtaient. Elle avait suivi le courant jusqu'à ce qu'elle le rencontre.

"Au fond, m'a-t-elle dit, le seul moyen de sortir de ce cercle, c'était la séparation." Ça m'a paru exagéré sur le coup mais je pense qu'elle avait raison. Comment aurait-on pu se retirer de cette bande sans prendre les grands moyens? Est-ce qu'on dit comme ça sans raison, du jour au lendemain, à de vieux copains: "On se retire du cercle. Ne nous invitez plus. On n'a rien contre vous, mais on veut se retrouver seuls." On aurait alors inquiété tout le monde. Personne n'aurait compris qu'on voulait simplement la paix. On ne veut froisser personne, alors on reste.

Pour être honnête, il y a pire. Je crois que j'aurais paniqué à l'idée de me retrouver seul avec Gisèle, les fins de semaine. Qu'est-ce qu'on peut avoir à se dire en tête-à-tête, après tant d'années de mariage? On aurait été là, seuls, à se regarder; puis soudain, le téléphone aurait sonné: "Qu'est-ce qui se passe... Vous êtes malades... On vous a fait quelque chose... Vous serez là, la semaine prochaine?..." On aurait insisté jusqu'à ce qu'on nous soutire un "oui". Tout aurait recommencé comme avant. Gisèle l'a compris et vit maintenant heureuse avec un "solitaire".

Version de Gisèle

Richard, l'homme que j'ai rencontré, se trouvait justement à un de ces cocktails. Il était fuyant et semblait s'ennuyer mortellement. Quant à moi, j'étais particulièrement chagrinée ce soir-là. Je venais tout juste de me faire enquiquiner par une envieuse et je voulais m'en aller. Quand je me suis approchée de mon mari pour lui dire que nous devrions quitter, il était trop occupé à bavarder pour pouvoir me répondre. Il riait et quand je lui ai dit discrètement: "On devrait partir", il m'a simplement répondu: "Plus tard, ça ne se fait pas...à moins que tu ne sois malade."

Richard, de loin, avait tout observé. Il s'est alors approché de moi en disant: "Vous vous amusez?..." l'air de demander: "Dites-moi ce que vous aimez dans ces satanés cocktails." J'ai alors eu la présence d'esprit de lui répondre: "Les affronts, sans aucun doute." Nous avons ri; puis, il m'a expliqué sa philosophie des "cocktails": "Lorsqu'il n'y a pas moyen de refuser une invitation, je m'y rends par politesse, non accompagné et n'y reste qu'une demi-heure, à la suite de quoi je salue et remercie l'hôtesse, en m'excusant d'avoir, hélas...un autre rendez-vous, le même soir." Puis, il m'expliqua que la vie était trop courte pour s'encombrer de gens inutiles. Il a proposé de me raccompagner. Nous nous sommes revus. Il m'a aidé à quitter la confrérie. J'avais le goût de m'enfuir loin, très loin. Il m'en a donné le courage.

Tout le monde pense que je suis folle d'être partie avec un individu que certains considèrent "assommant", vu son manque de sociabilité et de courtoisie. On vit ensemble, on fait plein de choses ensemble et sincèrement...on n'a pas besoin des autres".

Les changements qui arrivent trop tard

Pourquoi me quitte-t-elle maintenant que me voilà fidèle et rangé?

Il profitait de la vie, "il n'y a rien de mal à ça." Bien sûr, il reconnaît qu'il n'est pas un saint. Bien sûr, il a trompé sa femme. Bien sûr, il a eu une ou des maîtresses qu'il a aimées et pour lesquelles il a quelque peu négligé sa femme. Mais elle n'a jamais manqué de rien; il a toujours été très généreux et puis...il a toujours cru que la fidélité dans le mariage, c'était l'affaire des femmes.

Les seules fois où il se voyait en homme fidèle, c'est lorsqu'il s'imaginait à la retraite lorsque, à demi-impuissant, il pourrait tendrement murmurer à son épouse: "C'est avec une femme comme toi à mes côtés que j'ai toujours rêvé de finir mes jours..."

Mais voilà, elle n'en veut plus. Toute sa vie, ella a rêvé que ce jour viendrait et maintenant qu'il est arrivé, elle ne voit pas pourquoi elle se laisserait séduire par cet homme à moitié chauve quand ses maîtresses ont été assez intelligentes pour le laisser tomber. Et puis, il parle de la fin de ses jours à 50 ans, comme s'il en avait 80 alors que pour sa part, elle n'a jamais été en meilleure forme. "S'il est épuisé de la vie qu'il a vécue, dit-elle, c'est son problème. Je ne suis pas plus sotte qu'une autre...pourquoi serait-ce à moi de le recueillir maintenant qu'il n'est "plus bon à rien". Qu'il retourne voir ses maî-tresses. S'il n'est plus intéressant pour elles, il ne l'est pas davantage pour moi". Le mari est complètement dépassé. "Sa" femme..."sa" fidèle...qui parle et pense ainsi. Lui qui croyait lui faire tant plaisir!

Lorsque l'homme vieillit, il lui arrive souvent de faire le point et de prendre conscience que séduire une femme différente chaque semaine est finalement un jeu bien épuisant. Les lendemains de "veille" lui sont de plus en plus pénibles.

Si ses maîtresses le voyaient récupérer les fins de semaine, elles ne diraient plus:"J'aimerais tant être ta femme". Il a de plus en plus de mal à se coucher tard et à se lever tôt le lendemain, pour aller travailler. Et c'est avec de moins en moins de plaisir qu'il prend le téléphone à l'heure du lunch pour amener dîner la conquête de la veille.

C'est avec tristesse qu'il réalise que la plupart des femmes qui devaient lui apporter l'évasion ne lui ont finalement apporté que des complications. Certaines l'appellent au bureau pour se faire épouser, d'autres pour le faire divorcer ou se lamenter...et il en a assez!

Les femmes qui lui plaisent sont difficiles à séduire, les femmes qui ne lui plaisent pas s'accrochent et il se demande comment il a pu mener une vie aussi épuisante, aussi longtemps...et se trouver intelligent!

C'est alors qu'il commence à regarder du côté de sa femme en pensant: "Comment ne l'ai-je pas vue plus tôt?" Il réalise aussi qu'il a des enfants qu'il n'a jamais vus: "Comment ont-ils pu grandir sans que je m'en aperçoive?" Voyant qu'il a du temps à rattraper, il décide de devenir un bon mari pour sa femme en même temps qu'un bon copain pour ses fils. Depuis le temps que les enfants se débrouillent sans lui et que sa femme en fait tout autant, sa présence n'excite ni ne dérange qui que ce soit. Il entre maintenant tôt chaque soir et ça n'émeut plus personne à la maison si ce n'est que l'épouse pense intérieurement que sa dernière visite chez le médecin y est pour quelque chose!

Il est enfin "prêt" pour le mariage et sa femme, pour le divorce. Il ne représente plus rien pour elle. Ses enfants ont grandi, son coiffeur lui a trouvé un nouveau genre et ses collègues de travail l'invitent à dîner. Pour elle, la vie n'a jamais été aussi belle: "S'il veut mourir maintenant, c'est son affaire. Que Dieu ait son âme!".

Elle qui, à 20 ans, se trouvait négligée par un mari constamment en voyage d'affaires et en conférence, se retrouve, à 40 ans, avec des invitations à gauche et à droite. Pourquoi resterait-elle à la maison, tenir la main de son "épuisé". Pauvre de lui! Le monde a changé et il n'a rien vu. Sa femme, à quarante ans, est plus belle et plus désirable que jamais. Sa mentalité a changé. Ses enfants lui ont appris ("mom", dé-niaise!), sa fille l'a maquillée, son fils lui a prêté son dernier pull pour mettre avec ses jeans et elle a l'air tellement détendu dans ce nouveau style de vacances que lorsqu'elle regarde ses photos de mariage, loin de regretter cette époque, elle trouve qu'elle avait l'air "empesé".

Quant à lui, il est furieux. C'est une honte! Est-elle assez naïve pour s'imaginer que ces hommes-là l'amènent dîner pour ses beaux yeux...ou pour l'épouser! Et le voilà, lui, l'ancien séducteur, devenu paternaliste et moraliste comme s'il n'avait pas vécu. Il tente de la mettre en garde, de la protéger comme s'il s'agissait d'une gamine.

Il essaie alors de la raisonner en lui faisant comprendre que ces hommes qui tournent autour d'elle ne l'épouseront pas et qu'ils n'apparaissent dans sa vie que pour mieux profiter d'elle. "Merveilleux! s'exclame-t-elle. Je ne vais prendre d'eux que les bons côtés: les sorties, les dîners, l'amour, le sexe... sans m'occuper de leurs chaussettes. Après tout, avec toi je n'ai connu que les chaussettes sans les dîners, sans l'amour...et le sexe "à la hâte", afin de garder ta forme pour tes maîtresses. Ces hommes-là veulent profiter de moi, dis-tu? J'aime assez qu'on profite de moi...en me faisant profiter de quelque chose".

Et la voilà qui lui explique que les femmes intelligentes, qui ont connu ce genre de mariage, ne craignent pas d'en sortir mais au contraire, ont peur d'en entendre parler.

Il se sent maintenant de trop dans sa propre maison. Si au moins il avait les enfants de son côté. "Mais non, dira-t-il, ils l'encouragent! Amer, il ajoute: "Quand elle sera seule, elle comprendra." Seule, elle l'a toujours été. Pourquoi aurait-elle peur et de quoi?

Quand il l'a épousé alors qu'elle avait vingt ans, il était loin de s'imaginer que c'est lorsqu'elle en aurait quarante, qu'il risquerait de la perdre. Il était loin de soupçonner que c'est à quarante ans qu'elle le tromperait et à quarante-cinq qu'elle le quitterait. Parce qu'elle prend ses distances au moment où il veut s'intéresser à elle, il se sent trahi. "Comment peut-elle être aussi cruelle, tout à coup." Et ces congrès où il partait seul, il ne s'en souvient plus; et ces soirées supposément entre amis qui se terminaient aux petites heures du matin, il les a oubliées. Il se justifie quand il ne se glorifie pas en disant que tous les hommes font ça et qu'il n'est pas pire que les autres. "Mais tout cela est bien fini depuis des années, ajoute-t-il. Pourquoi est-ce seulement maintenant qu'elle songe à me quitter?" Et le voilà qui se révolte d'être aussi mal récompensé de sa fidélité.

L'homme, qui a beaucoup vécu, traverse presque toujours, à une période de sa vie, ce qu'on pourrait appeler la phase de démystification de la femme. Pour lui, à ce moment-là, il lui est facile d'éloigner les femmes parce qu'il en est à se dire qu'elles se ressemblent toutes. Il lui paraît désormais impossible de croire qu'après tout ce qu'il a connu une femme puisse encore l'éblouir.

Il dira volontiers: "Y a-t-il quelque chose en ce monde qui ressemble plus à une femme qu'une autre femme?",en précisant bien sûr que la seule vraie différence réside dans le fait que certaines vous apportent des ennuis alors que d'autres ont la gentillesse de disparaître avant que les choses ne se gâtent.

Au cours de cette période de "démystification", il est enfin prêt à apprécier sa femme. Mais voilà, ironie du sort: ce mari fatigué des aventures, qui s'apprêtait à rentrer tranquillement chez lui se reposer, se retrouve obligé de se battre contre des inconnus qui veulent lui ravir sa femme! Il n'aura donc jamais de repos, pense-t-il.

Il est facile de comprendre son désarroi. On s'est apitoyé pendant des années sur le sort de la femme qui perd son mari, après quelques années de mariage et quelques grossesses, de sorte que dans la conception de l'homme, c'est la femme qui doit se battre pour garder son mari vertueux, et non l'inverse.

Au cinéma, dans la plupart des films de ce genre, l'épouse se bat ou se résigne mais contre la rivale, elle perd. Si elle gagne, le mari aura l'air d'un martyr. Le scénario est presque toujours le même: la femme évincée meurt sans avoir refait sa vie pendant que son ingrat de mari est attendu au lit, par une déesse. On a tellement exploité ce genre d'intrigue que lorsque l'homme atteint l'âge où les déesses sont censées être autour de lui et que sa femme devrait être assise au salon à faire de la dentelle, il est complètement éberlué d'apprendre que loin de se battre pour le reprendre, ou pleurer en cachette et l'attendre les bras ouverts, elle se prend un appartement et parle de recommencer sa vie. Il a l'impression de vivre le monde à l'envers: c'est elle qui a le démon du midi!

Vraiment, il ne comprend plus le monde dans lequel il vit. À l'âge où elle ne devait plus intéresser un mari, elle attise souvent un amant plus jeune qu'elle et son mari vient de comprendre, avec vingt ans de retard, qu'elle est la femme de sa vie.

Pendant toutes ces années et ces soirées d'abandon, elle a pensé et repensé la situation. À l'époque, le divorce lui faisait peur; c'était aussi contre ses principes. Il voulait une femme à son devoir: elle l'était. Il a vraiment fallu que le divorce prenne l'ampleur de ces dernières années et que ses enfants la pressent un peu, pour qu'elle ose enfin!

Elle craignait également l'idée de dépendre d'une pension alimentaire. Elle savait bien qu'il n'avait pas les moyens de faire vivre convenablement deux familles et qu'à la fin, elle risquait de payer la note de son émancipation, avec les enfants à sa charge.

D'autre part, elle ne voulait pas faire souffrir inutilement les enfants parce qu'au fond, malgré ses escapades, il était un père remarquable. Parce que les fins de semaine, il la déchargeait de pas mal de responsabilités et de travail...pour compenser. Elle pouvait alors se reposer, s'accorder un peu de répit.

Si elle l'avait quitté à ce moment-là, il aurait vécu divers romans d'amour en négligeant d'exercer ses droits de sortie et de visite. Elle se serait finalement retrouvée seule pour s'occuper des enfants, la majeure partie du temps. Elle a donc préparé intelligemment sa sortie. Pendant qu'il la "trompait", elle se recyclait à ses frais. Aujourd'hui, c'est lui l'âme en peine!

Les véritables raisons pour lesquelles un conjoint accepte de souffrir en silence sont parfois beaucoup moins nobles ou détachées que celles qu'on dévoile à son mari...ou à son avocat!

Ma femme m'a demandé de changer, sinon elle partirait. J'ai changé...

Bien souvent, lorsque la femme se décide enfin à parler franchement à son mari ou à entreprendre des procédures de divorce, elle ne l'aime déjà plus. C'est d'ailleurs la véritable explication au courage qu'elle aura trouvé pour entreprendre les procédures.

Malgré tous les vices et tous les défauts qu'il se reconnaît, il se dit prêt à changer et supplie sa femme de lui donner sa dernière chance. L'épouse a pitié de lui et suspend les procédures. Il peut être vraiment sincère et vouloir changer pour de bon. La voilà prise au piège. Elle n'a maintenant plus rien à lui reprocher mais elle ne l'aime plus. Elle ne ressent plus rien pour lui, si ce n'est de la pitié.

Elle se culpabilise de ne pas l'aimer davantage après tous les sérieux efforts qu'il a faits pour s'améliorer. Les raisons qu'elle avait invoquées pour justifier sa demande en divorce étant disparues, elle ne sait plus sur quoi se rabattre maintenant pour le quitter. Elle sait bien qu'autour d'elle, on dirait: "Mais sait-elle ce qu'elle veut..."

Certaines épouses tardent tellement à intervenir lorsque leur mariage ne les satisfait pas que lorsqu'elles se décident enfin à prendre les choses en mains, il est souvent trop tard. Quels que soient les résultats obtenus, ils n'auront plus aucun effet sur elles. Si les mêmes changements étaient survenus quelques années plus tôt, au moment où l'épouse le demandait si gentiment, mais le mari ne l'a même pas écoutée parce qu'il pensait: "Tant qu'elle ne fera que se plaindre, il n'y a rien de sérieux."

C'est seulement quand il a reçu les procédures en divorce et qu'il s'est vu obligé de la supplier pour qu'elle accepte de revenir près de lui, qu'il a compris le sérieux de l'affaire. Cela lui a paru à ce point tragique qu'il a fait soudainement toutes les promesses de la terre; et il a tenu sa parole. Si elle est conséquente avec elle-même, l'épouse doit reconnaître qu'elle n'a plus rien à lui reprocher. Maintenant que le voilà conforme à ce qu'elle attendait, elle se croit obligée de rester avec lui. Il faut bien qu'elle n'ait qu'une parole elle aussi et puis...elle a bon coeur!

Si, par malheur, elle le quittait, il aurait l'impression d'avoir été "roulé". Il ne se rappellerait plus le mal qu'il lui a fait jadis, mais simplement que ses efforts ont échoué.

Promettre à quelqu'un qu'on n'aime plus de le reprendre inévitablement s'il améliore certaines choses, c'est s'exposer à des obligations qu'on regrettera par la suite, si les conditions se réalisent.

Mais il y a un autre danger encore pire que celui-ci: c'est que l'autre ne change que momentanément. Une fois le danger passé, qu'il redevienne celui qu'il était. Après plusieurs mois de retour à la vie commune, la femme note à regret que les progrès s'estompent. Elle endure son sort car il lui a déjà fallu tellement de courage pour entreprendre une première fois les procédures qu'elle n'ose pas se relancer dans les mêmes émotions une seconde fois. Après la tentative de réconciliation et la demande à son avocat de suspendre son dossier, elle se retrouve à zéro.

L'erreur de l'épouse: se croire obligée de changer

Souvent, l'épouse qui découvre la liaison de son mari fait l'impossible pour le reconquérir; le mari la croit alors non seulement amoureuse, mais capable d'oubli. De fait, à ce moment-là, elle est ainsi; mais une fois le danger passé, elle redevient une autre personne et le mari ne la reconnaît plus. Lui qui s'attendait à une vie paisible retrouve une femme qui se veut libre. Cette expérience l'a transformée.

Elle prend maintenant le temps de penser à elle, à ce qu'elle est, à ce qu'elle pourrait être. Il lui vient toutes sortes de désirs ou de rêves qu'elle ne se connaissait pas. Elle repense sa vie. Sans rancune, sans amertume, sans désir de vengeance, mais par simple désir d'aller aussi loin que lui, de connaître ce qu'il a connu: une vie nouvelle pleine d'imprévus. C'est permis maintenant. Elle se sent le droit "d'essayer", elle qui a été jusqu'ici une femme fidèle...pour rien!

Si l'amant lui convient et si c'est le grand amour, elle n'hésitera pas à quitter le mari. Il n'y aurait que renversement des rôles. Elle sent qu'il serait compréhensif, il n'a pas le choix. Après tout, c'est lui le grand coupable... "Il n'avait qu'à ne jamais commencer. Il n'a rien à redire puisqu'il l'a déjà fait lui-même." Et puis, il lui arrive de penser que son mari a peut-être déjà eu plusieurs autres aventures qu'elle ignore. Ce n'est pas parce qu'elle en a découvert une par hasard qu'elle en a le compte exact...

Un événement, quel qu'il soit, laisse toujours sa marque. Quoi qu'elle dise, quoi qu'elle fasse, il s'opère un changement dans l'épouse. Bénéfique ou désastreux, le changement est là. Les choses peuvent en apparence reprendre comme avant; mais intérieurement, l'épouse se remet en question.

Certaines ont des désirs contradictoires et se disent intérieurement "mêlées" alors que d'autres reprennent pied et se sentent plus mûres. Elles voient l'amour d'un autre oeil et l'amour-sécurité devient l'amour-routine, dépourvu d'attrait. Le parfait équilibre étant difficile à trouver, l'épouse hésite entre continuer le même genre de vie tranquille qui ne la satisfaisait pas mais qu'elle acceptait OU partir avec le mors aux dents et tout chambarder.

L'épouse fait parfois l'erreur de croire qu'elle doit absolument changer sa personnalité et ses habitudes de vie. Pour elle, le fait que son mari l'ait, dans le passé, remplacée par une autre, signifie qu'un changement s'impose. Elle prend cela comme un rejet d'elle-même et, pensant améliorer les choses, elle change toute son attitude au détriment de son originalité. "Il devait sûrement y avoir quelque chose en moi qui lui déplaisait", et elle essaie toutes sortes de transformations qui le déçoivent.

Se prendre une maîtresse ne signifie pas nécessairement pour l'époux qu'il trouve son épouse médiocre en tout et qu'elle doive se renier ou se transformer pour être à nouveau appréciée. Souvent, le mari s'est ennuyé de sa femme telle qu'elle est, de ses habitudes à elle et veut par conséquent retrouver la même personne. Il regrette déjà son aventure et rêve de paix, de repos et de tranquillité.

Il peut l'avoir simplement trompée pour sortir de la routine et, chemin faisant, il a découvert qu'il était fait pour la routine. Il ignorait qu'il était un casanier. Maintenant, non seulement il est prêt à apprécier sa vie simple, facile et ordonnée, mais il en rêve. Il accepte enfin d'être ainsi. Avant, il croyait et se faisait croire qu'il subissait "l'autre", maintenant il sait qu'il est comme "l'autre". C'est pourquoi l'épouse qui se croit obligée de changer quelque chose à sa vie pour mieux s'ajuster à son mari fait souvent une erreur.

Cette attitude peut apparemment sembler égoïste pour la femme: "Ce serait trop beau...monsieur a tous les droits. Il part, il revient et veut retrouver les choses et les gens dans le même état." Parce qu'elle veut lui faire payer le mal qu'elle s'est fait durant son absence, elle devient arrogante, provocante ou chicanière. Elle veut tellement lui faire comprendre la situation cruelle qu'elle a vécue.

À la suite d'une liaison ou d'une simple aventure, l'épouse se croit toujours obligée de réagir. Soit qu'elle prenne celle-ci pour une accusation: "C'est ma faute. J'étais trop comme ceci, pas assez comme cela" et alors elle veut à tout prix se reprendre et corriger ses erreurs et sa personnalité. Soit que l'égoïsme de l'autre lui crève les yeux et que, voulant rendre le mal pour le mal, elle décide de changer uniquement dans le but de décevoir le mari qui s'attendait à retrouver la même personne. Dans les deux cas, l'épouse change, que ce soit dans le but de bien faire ou dans le but évident de mal faire. Mais elle change.

L'homme doit savoir que même chez la femme qui semble ne pas réagir, il peut se produire une réaction intérieure aussi intense et bouleversante que chez l'extravertie. Il faut se méfier des femmes qui disent que les révélations de leur mari n'ont rien changé. La réaction peut être tardive mais elle viendra à son heure. On a vu des femmes se prendre des amants plusieurs années plus tard en se disant: "N'en a-t-il pas fait autant un jour?" Certaines épouses se rendent misérables à penser que d'autres femmes, dans la même situation qu'elles, ont été capables de demeurer indifférentes. Mais cette froideur n'a peut-être d'autre explication que le manque d'intérêt...

L'épouse qui vit ce problème prend donc souvent une confidente qui se révèle une mauvaise conseillère. Elle se rend finalement malheureuse à force d'entendre: "À ta place, je ferais ceci, je ferais cela." Comme l'épouse se sent incapable de faire "les ceci et les cela", elle en arrive à se détester. Elle trouve que le reste du monde a du caractère, sauf elle. Elle en arrive à se mépriser de souffrir autant et d'être incapable de s'en sortir alors que pour son amie, tout semble si facile. Alors elle soupire: "J'aimerais être comme toi, c'est-à-dire, être capable de ne pas me laisser troubler par les événements."

Les gens ne disent que ce qu'ils veulent bien dire et il leur arrive de confondre la philosophie qu'ils aimeraient avoir avec celle qu'ils ont. Il ne voient pas souvent la différence entre ce qu'ils projettent d'eux et ce qu'ils sont. Bref, ils ne retiennent des événements que la partie qui les glorifie. C'est ainsi que l'épouse qui se vante d'avoir héroïquement abandonné son mari dans les bras de sa maîtresse oublie peut-être d'ajouter que sa vie intime avec lui l'a toujours profondément ennuyée.

Elle fait peut-être partie de ces femmes que les aventures du mari arrangent et que son retour...dérange. Beaucoup de femmes qui se vantent d'être indifférentes le seraient beaucoup moins s'il s'agissait de leur amant!

Chapitre 8
Étranges amours

L'amour par extorsion

"Épouse-moi... l'amour viendra avec le temps."

Devant l'infidélité ou la rupture, l'épouse dira très souvent: "Je ne comprends pas, j'étais pourtant une bonne épouse." Bien des femmes qui se plaignent d'avoir perdu l'amour de leur conjoint et qui se vantent d'avoir été, tout au long de leur vie conjugale... "bonnes épouses et bonnes mères", devraient oublier un moment leurs qualités et se demander si elles ne font pas partie de cette catégorie de femmes qui ont presque obligé leur mari à les épouser.

L'homme est parfois très vulnérable en ce domaine et il est très fréquent qu'il finisse par épouser celle qui le harcèle. Il dira: "Elle revenait toujours en pleurant après chaque rupture...je ne pouvais pas lui faire ça. Je la sentais chaque fois au bord du désespoir. Vraiment, elle m'aimait trop. Je me disais que je ne rencontrerais jamais une femme qui m'aimerait autant. Et puis, tous les amis me disaient de bien réfléchir avant de la quitter...on ne laisse pas passer une "perle" pareille..."

C'est souvent à l'époque même des fréquentations que l'épouse trouvera la source de ses malheurs. Ces femmes étaient déjà "trompées" à cette période de leur vie et leur fiancé a vainement tenté à plusieurs reprises de rompre les fiançailles. Elles ont alors imploré l'amour de l'autre: "Je ne te demande pas de m'aimer, l'amour viendra avec le temps: je t'aime pour deux", en oubliant que quand on aime pour deux, on doit s'attendre à souffrir pour deux.

Puis, elles ont imposé leur amour en douceur: "Je sais que tu ne m'aimes pas mais je te promets que je ne te poserai jamais de question. MAIS ne me quitte pas, je t'aime trop." Le fiancé a cédé. Elle ne semblait pas très exigeante. Elle pardonnait même à l'avance...les infidélités à venir. "Qui pourrait espérer un meilleur contrat!"

Il a essayé de l'aimer. Il n'y est pas parvenu. C'est lui le coupable! Avec le temps, "madame" a oublié les clauses du contrat et l'accuse aujourd'hui d'avoir toujours été un "vulgaire coureur de jupons". Il n'a jamais voulu de ce mariage. Il l'a épousée pour être gentil et encore...parce qu'elle lui avait présenté des clauses avantageuses.

C'est ce qu'on serait tenté d'appeler de l'amour par extorsion. La femme a imposé son amour à coup de dépressions nerveuses et aujourd'hui, elle lui reproche de ne l'avoir jamais aimée. Comment lui dire, bien des années plus tard: "Mais, je ne t'ai jamais rien promis. Ce mariage-là ne m'a jamais emballé et tu le sais très bien." Alors, il se tait et se sent coupable. Il a eu tant de liaisons au cours de sa vie conjugale, alors que sa femme était..."ce qu'un homme pouvait espérer de mieux..."

"Elle en a tellement fait pour moi que je n'ose la quitter"

Ou encore..."elle en a tellement fait pour moi que je la comprendrais si elle me quittait. Mais voilà, elle m'endure. Dieu sait que je ne lui rends pas la vie facile. Je traîne sur mon dos ses milliers de bonnes actions espérant un jour une punition pour tout le mal que je lui ai fait. Elle mérite tellement mieux...que moi. Elle est trop bonne. Elle ne mérite pas ça. Je voudrais qu'elle soit heureuse, qu'elle rencontre quelqu'un d'autre. Mais lorsque je lui dis ça, elle pleure, se jette dans mes bras et dit que je ne l'aime pas. Au fond, je suis un tendre. Je la prends dans mes bras et je la console d'avoir à vivre avec moi."

Vu de l'extérieur, elle est apparemment la "souffreuse". Mais dans cette sorte d'amour, qui est vraiment la victime de l'autre? Ne s'impose-t-il pas de vivre avec une femme qu'il n'aime pas? Elle connaît sa vulnérabilité et se l'attache en exploitant le sentiment de culpabilité qu'il éprouve vis-à-vis d'elle. Elle est au fond beaucoup plus rusée qu'il n'y paraît. Où mènent ses gentillesses et sa facilité à pardonner si ce n'est à le river davantage à elle et le rendre incapable de la quitter? Elle sait bien qu'en exploitant le malaise qu'il ressent déjà, il restera près d'elle.

On a tendance à blâmer celui des conjoints qui est infidèle..."celui qui sort", parce que c'est un travers qui se voit. Celui qui pleure devient manifestement la victime. Ses défauts sont en général moins apparents pour les autres. C'est celui-là qui mérite tous les éloges: "Qu'est-ce qu'il peut bien avoir à lui reprocher...elle est propre...elle prend soin de lui...de sa maison...elle ne sort jamais..." Et le mari se reproche de ne pas l'aimer et de lui être infidèle...sans raison.

L'amour dans la dévalorisation et la reconnaissance

Une femme d'affaires... irremplaçable!

"Il n'était rien avant de me connaître. C'est moi qui l'ai fait et qui ai monté son "business". En guise de remerciement aujourd'hui, il a l'audace de me laisser tomber.

Quand je l'ai connu, il ne savait rien faire. Quant à moi, j'ai toujours été une femme d'affaires. Au début de notre mariage, nous avons formé une compagnie. Inutile de vous dire qu'elle fonctionnait à merveille. Je m'occupais de tout. Nous vivions sur l'or. Mes enfants ont été gâtés. On ne se refusait rien. On a fait des voyages à travers le monde, dans les plus beaux hôtels. Mon mari trouvait que je dépensais trop et me demandait de modérer le train de vie.

"Je l'ai laissé à la maison et j'ai continué de voyager sans lui. C'était son problème de vouloir "couper les dépenses", pas le mien. À mon retour, "monsieur", qui m'accusait de "coucher à gauche et à droite" lors de mes voyages, était en amour avec ce que je considérerais être une parfaite idiote. Elle le regardait, elle "souriait aux anges", et lui semblait au comble du bonheur! Elle ne connaît rien aux affaires et si c'est elle qui me remplace dans la compagnie, je peux vous assurer que ce sera une faillite dans les prochains mois."

Or, la compagnie continue de "rouler sur l'or" malgré le départ de Suzanne et bien que la petite amie soit réellement aussi peu dégourdie que Suzanne le déclare. Paul reconnaît que sa femme a fait beaucoup dans l'entreprise familiale autrefois; mais avec les années, il a pris de l'assurance et voudrait pouvoir mener sa barque tout seul...ne serait-ce que pour lui prouver qu'il en est capable. Plus autonome désormais, il évoque ses frustrations anciennes: "Je n'avais aucune considération de mes employés. Ma femme répétait constamment à qui voulait l'entendre, y compris et surtout au personnel, qu'elle était la seule personne à "consulter en tout", attendu que "son" mari ne s'entendait pas aux affaires. Il était évident que tant qu'elle demeurerait au sein de l'entreprise, elle serait le seul maître à bord. J'ai donc voulu l'éloigner graduellement de ma compagnie...mais elle me voyait venir: "Comme si tu pouvais t'occuper de la compagnie...toi! Je vois d'ici où nous serions dans quelques mois..." J'en avais assez d'être constamment humilié par ses remarques: "Quand je l'ai rencontré, il n'était rien." Je rêvais du jour où j'aurais le courage de la ficher à la porte pour lui montrer comment je me débrouillerais sans elle."

Pour être logique, Paul allait donc choisir une deuxième femme qui non seulement ne s'intéressait pas aux affaires mais qui ne risquerait pas de s'y intéresser un jour. D'abord, pour ne pas avoir à revivre d'autres humiliations et ensuite, pour démontrer à sa femme que c'était bien lui et non sa petite amie qui gérait aussi adéquatement la compagnie depuis son départ. Ce ne sont pas ses qualités de femme d'affaires que Paul reprochait à Suzanne mais les affronts qu'elle lui faisait subir auprès du personnel. Elle aurait même pu, selon lui, être chef d'une grande entreprise. Elle en avait le talent mais pas la formation.

Par ce divorce, Paul avait des choses à prouver: à lui d'abord, et à sa femme ensuite. L'agressivité manifestée au cours de ce divorce tenait principalement au fait que Paul avait changé et qu'il se sentait frustré que Suzanne ne veuille pas le reconnaître. Pire, elle continuait de vouloir le protéger. Le divorce devint donc pour eux l'occasion de démontrer leur valeur et de mesurer leur force. Il se glorifiait de pouvoir maintenant lui tenir tête. Elle prétendait qu'il avait beau "avoir changé", il en avait encore à apprendre et il en aurait toujours à apprendre pour lui arriver à la cheville dans le monde des affaires.

Dans toute cette histoire, qui de Paul ou de Suzanne avait raison?

Il lui reprochait de "dépenser sans compter". Il avait déjà connu la misère et il avait peur d'y retomber. C'était impensable, se disait-il, qu'on puisse dépenser de la sorte sans que ne survienne une catastrophe.

Elle connaissait le chiffre d'affaires de la compagnie "mieux que lui", disait-elle, et savait qu'elle pouvait se permettre ces voyages sans affecter le moins du monde la bonne marche des affaires. Après tout, ajoutait-elle, allons-nous nous priver de bien vivre parce que tu as peur de choses qui n'arriveront pas? Le comptable ne dit-il pas chaque année que je mène très bien les choses.

Il lui reprochait de ne plus rien apprécier dans la vie. "Elle trouve le luxe dont elle s'entoure, chose normale. Elle

171

n'a aucune reconnaissance pour le travail que je fais et grâce auquel elle peut s'offrir toutes ses fantaisies." Suzanne répondait: "Il ne manquerait plus que cela, que je te remercie. C'est grâce à ma bonne administration, à mon travail à moi que je peux m'offrir tout ça. Si la compagnie était mal administrée, tu aurais beau travailler 24 heures sur 24, nous ne pourrions même pas nous offrir le quart de ce que nous nous permettons."

Paul lui reprochait de s'accorder trop de libertés, comme le fait de voyager seule. Elle lui répondait: "Mais c'est toi qui refuses de m'accompagner. Alors, reste si tu veux. J'ai bien mérité des vacances", en d'autres mots: "Rate ta vie si tu veux mais n'oblige pas les autres à en faire autant."

À la fin, Paul ripostait: "Madame s'accorde des vacances comme le grand patron pendant que son employé de mari travaille de 9 à 9... Donner des ordres, faire à sa tête, "balancer" mon argent par les fenêtres, s'imaginer que la compagnie ne peut fonctionner sans elle, sont ses plus grandes qualités."

La procédure de divorce se déroula avec toute l'agressivité refoulée des deux conjoints. Elle, s'acharnant à lui démontrer qu'il ne ferait pas long feu dans les affaires, étant donné qu'elle n'avait pas son pareil pour savoir aussi bien "trafiquer" les impôts. Lui, obsédé par le désir de lui prouver que non seulement la compagnie survivrait sans elle, mais qu'il doublerait même son chiffre d'affaires et qu'en outre, il manipulerait tant et si bien les livres de la compagnie qu'il pourrait d'une part, déclarer un faible revenu à la Cour afin de ne payer qu'une pension alimentaire minime et, d'autre part, avoir un revenu réel suffisamment important pour mener la grande vie... avec "une autre" qui l'apprécierait enfin à sa juste valeur. Et ironique, il ajoutait: "Je suis allé à la bonne école."

Quant à la petite amie de Paul, elle était tout simplement en extase devant lui et se montrait docile. Elle ne s'occupait en rien des affaires de la compagnie; bref, elle savait agir en second. Le moindre petit cadeau la ravissait. Tout voyage improvisé était pour elle un émerveillement.Paul se dit bien vengé de sa femme, maintenant qu'il l'a éliminée de sa vie. Sa nouvelle petite amie le valorise enfin et c'est tout ce qui compte à ses yeux. Il n'en demande pas davantage. Quant à Suzanne, elle continue de penser qu'il n'avait pas le droit d'agir ainsi et le considère comme le dernier des ingrats. Elle continue de croire qu'elle lui a tout donné, tout appris et qu'il ne serait parvenu à rien sans elle.

Beaucoup de femmes attendent une certaine reconnaissance dans l'amour. Du fait qu'elles se sont sacrifiées pour un homme et lui ont donné leur entier soutien à une époque de leur vie, elles croient leur mariage assuré jusqu'à la fin des temps... même si elles lui rendent, par ailleurs, la vie impossible.

* * *

L'amour dans les insultes

Si tu n'es pas contente, tu peux t'en aller...
si tu crois trouver mieux, ne te gêne pas...

Pourquoi un homme dit-il de pareilles choses à une femme qu'il prétend aimer une fois que la crise est passée. Parce qu'il sait que l'autre ne s'en ira pas...soit qu'elle l'aime trop et il le sait... soit qu'elle n'ait pas les moyens financiers de partir aussi précipitamment... soit enfin qu'elle soit dépressive au point de ne pouvoir réagir et, trop souvent encore, c'est tout cela ensemble.

La femme se met à rêver du jour où elle aura ce courage, du jour qui lui donnera des ailes. Lorsque ce jour arrive, le tyran qu'a été le mari est pris au dépouvu et se débat, tant bien que mal, pour la ramener à lui. Il n'arrive pas à comprendre le départ de sa femme.

Certains maris ne veulent rien changer à leur comportement. Toute approche de l'épouse, toute tentative de discussion visant à le transformer est attendue de pied ferme: il est ce qu'il est, c'est à prendre ou à laisser. Si elle n'est pas contente, elle peut toujours s'en aller. Il ne la retient pas.

L'épouse se désespère de ce mari qui ne veut rien améliorer chez lui. Le seul moyen qu'il connaît de mettre fin à ce verbiage est de lui dire de quitter les lieux, si elle n'est pas contente. Dans un sens, peut-être est-il plus franc ou plus réaliste que celui qui promet toujours de grands changements et qui, une fois l'orage passé, redevient celui qu'il n'a jamais cessé d'être.

Quoi qu'il en soit, lorsque l'épouse le prend au mot et qu'elle le quitte pour de bon, il se présente au bureau de l'avocat grandement embêté. La seule excuse qu'il se trouve alors est celle-ci: "Quel mari n'a pas dit ça un jour à sa femme?"... Un jour... peut-être mais quand c'est tous les jours, alors, c'est autre chose. Pour justifier son comportement, il explique que son travail est stressant, que le patron est harassant et l'avocat s'étonne qu'il n'en ait pas discuté avec sa femme. Puisqu'il lui faut se défouler quelque part, aussi bien que ce soit chez lui. Le seul endroit où il est le maître incontesté des lieux, c'est encore chez lui et il entend le rester.

Bien des femmes seraient surprises d'apprendre que le personnage autoritaire qui rentre au foyer le soir peut, à l'occasion, ramper devant son patron ou pire...devant sa maîtresse!

* * *

Le mari qui veut se déculpabiliser de ses infidélités incitera souvent sa femme à le tromper ou à s'en aller. D'après son code de justice, il mérite le même châtiment ou alors, il est

174

malhonnête. Il se dit qu'il doit subir le même sort et, pour ce faire, il est prêt à pousser sa femme dans les bras de n'importe qui. Donc, en lui répétant constamment: "Si tu n'es pas contente...", il espère qu'elle finira par céder à une aventure pour pouvoir enfin se dire: "Je ne suis pas malhonnête." Il aura la conscience en paix, puisqu'elle ne pourra désormais rien lui reprocher...elle en aura fait tout autant.

Il se fiche éperdument qu'elle soit heureuse ou non dans cette aventure, l'important étant qu'ils soient désormais sur le "même pied". Il pourra mieux lui rétorquer, par la suite, lors de leurs prochaines mésententes: "Est-ce que je te harcelle comme ça, moi, avec ton aventure? Laisse-moi donc la même paix. Nous sommes quittes, on n'a plus rien à se reprocher."

Le mari qui n'aime plus sa femme considère le fait de demeurer avec elle comme une faveur qu'il lui fait. Il est là, qu'elle ne lui en demande pas plus, il ne peut faire davantage...que son devoir. Il n'a pas le courage de la quitter, c'est contre ses principes. Mais si elle s'en va, elle lui simplifie la tâche. Il ne se reprochera jamais de l'avoir abandonnée, puisque ce sera elle qui sera partie, peu importe qu'il ait tout fait pour en arriver là. Elle aura fait un choix de femme libre en sortant de sa vie de son propre gré...en apparence.

L'amour dans la peur

Elle avait épousé un caméléon

Aujourd'hui, elle vit seule avec ses enfants et n'arrive pas encore à comprendre "comment et pourquoi" il est parti. Elle a passé sa vie à s'ajuster à la nouvelle personnalité de son mari. C'était un philosophe. Chaque année, il repensait sa vie et changeait de philosophie. Il s'imposait une façon de vivre, l'imposait à sa femme et à ses enfants parce qu'il avait lu quelque part que certains y avaient trouvé le bonheur et la paix.

Quand il est arrivé dans la grande ville de..., il s'est mis à travailler le jour puis étudier le soir, pour obtenir de l'avancement. Il avait tout de l'ambitieux et d'un cocktail à l'autre, il "rebattait" les oreilles de tous avec l'avenir qui l'attendait, maintenant qu'il avait compris que le bonheur était aux audacieux et la richesse aux ambitieux. À cette époque, sa femme vécut dans l'abondance. Ils mangeaient dans les plus beaux restaurants, s'habillaient dans les boutiques les plus coûteuses et partaient régulièrement en vacances.

Puis...tout se gâte. Il rend visite à une parente qui vit en bohême, sans électricité, sans baignoire et...sur le bien-être social. Elle réussit à le convaincre que le bonheur consiste à se détacher de tout le confort de l'homme moderne, se lever à deux heures de l'après-midi, écouter chanter les petits oiseaux, se laver dans la rivière et manger des poissons. Enfin, bref, revivre l'époque de l'homme des cavernes.

Cette expérience ébranla sa conception de la vie et du bonheur. "L'univers, disait-il maintenant, est complètement fou. Les gens se tuent à travailler sans prendre le temps de vivre. La vraie vie, c'est de ne rien faire et de prendre le temps de mieux goûter les plaisirs du moment, les mains dans les poches et le nez au vent".

Sa femme endossa chacun de ses nouveaux rôles. Elle l'aimait profondément et quoi qu'il dise, quoi qu'il fasse, elle l'approuvait. Elle s'est "convertie" au jeans du jour au lendemain. Personne ne comprenait qu'elle ait pu bannir aussi rapidement ses faux-cils et ses faux-ongles!

Au cours de ce "voyage" qui dura toute une année, il rencontre un autre copain qui lui fait comprendre que le bonheur se trouvait dans les petites villes. Aussitôt, il déménage à la campagne et s'achète une maison, avec des promesses... La vie à la chandelle étant terminée, sa femme doit se trouver un emploi dans les plus brefs délais afin de l'aider à payer la si jolie maison.

Cette année-là, il a travaillé plus fort que du temps où il était ambitieux... Son épouse commençait à avoir du mal à le suivre, d'autant plus que le seul travail qu'elle avait pu dénicher était celui de serveuse dans un café. Après un an à ne rien faire, un an à écouter chanter les petits oiseaux, c'était assez pénible. Mais il lui aurait fait faire n'importe quoi, s'il lui avait demandé. Alors, bon gré mal gré, yeux cernés, elle retourna travailler.

Après quelque temps, il se mit à s'ennuyer de la ville: "Les gens de sa campagne sont dépassés. Ils n'ont jamais rien vu." Il lui fallait donc partir pour une grande ville avant de "s'encrasser" comme eux. Sa femme était à emballer les lampes pour le grand déménagement lorsqu'elle apprit qu'elle ne ferait pas partie du voyage. Notre "caméléon" avait enfin trouvé le grand amour de sa vie; sa femme, qui avait jusque là suivi les instructions de son mari à la lettre, était effondrée.

Qu'est-ce qui avait pu se passer?... Qu'est-ce qu'elle avait donc fait ou pas fait pour que cela se produise?... Autour d'elle, on disait: "Tu es trop "bonasse." Il a besoin d'une main de fer... Au fond, il cherche sa mère et tu agis comme une enfant docile..." Elle pleurait...à s'en rendre malade et à se défigurer. Elle n'arrivait pas à admettre qu'on lui reprocha finalement de l'avoir trop aimé. Ce qui lui faisait encore plus mal, c'étaient les racontars des amis: "Cette fois, il est avec une femme qui ne s'en laisse pas imposer. Elle ordonne...et il écoute comme un amoureux docile."

Elle souhaitait mourir. Un bon suicide dans les règles. Mais voilà, on sonne à la porte. C'est le mari qui, après quelques mois d'un grand bonheur, rentre à la maison. En grand seigneur qu'il est, il lui explique son désir de revenir chez lui pour de bon, moyennant certaines conditions. "Tout ce qu'il veut, pouvu qu'il revienne", se dit-elle. Elle prend ce retour du mari comme étant la preuve qu'il préfère les femmes soumises aux femmes autoritaires. "Je dois donc continuer de faire tout ce qu'il dit, de boire ses moindres paroles puisque finalement c'est cela qu'il préfère à toute autre chose. La preuve, il est revenu."

Première condition du mari: "Ne pose plus de questions. Je veux avoir le droit d'aller et venir sans devoir rendre de compte à personne. J'ai besoin de ma liberté, sans quoi j'étouffe. Si j'étouffe, je m'en vais." Il va sans dire qu'en galant homme, il lui laisse le droit d'en faire autant mais...elle n'aime que lui et il le sait. Deuxième condition: "Il va falloir que tu te déniaises. Les petits couples gentils qui font des petits enfants niaiseux à deux et qui se tiennent la main...moi, j'ai passé ça." Et le voilà qui l'initie à se rouler un "joint" quand les enfants sont couchés. Troisième condition: "Dans le sexe, tu l'as pas. Attends-toi pas que je te dise "je t'aime", c'est du niaisage. Apprends à te laisser aller, c'est tout ce que je te demande."

Une fois de plus, elle a tout accepté. Il s'amusait et faisait exprès de "flirter" avec toutes les femmes qui se trouvaient sur son chemin. Elle l'observait, rageait intérieurement...mais ne disait rien. Après coup, il lui lançait: "Tu ne dis rien...je suppose que tu n'as pas aimé que je passe la soirée avec Nathalie. Tu n'avais qu'à prendre Gérard... ou Émile." Elle n'arrivait pas à le suivre dans ce nouveau changement mais, disait-elle: "J'ai promis." Et elle s'efforçait de jouer les détachées, de faire semblant d'être "d'accord"...

Finalement, le "joint" avant le coucher ne suffisait plus. Elle était malheureuse en se levant, alors elle se "gelait" dès le lever du lit en disant: "Ce n'est pas pire que celles qui prennent des valium." Si ce n'était "pas pire", ce n'était pas mieux non plus car à toute heure du jour, il la trouvait "affalée" dans son fauteuil, le "joint" à la main, les yeux abattus, la vaisselle sale sur le comptoir et les cheveux rebelles. Il avait presque épousé un modèle et il se retrouvait avec des "grands yeux bêtes", l'air complètement égaré...et un réfrigérateur toujours vide.

Madame se "gelait" dès le matin pour en arriver à accepter le rôle qu'il exigeait d'elle: être indifférente. Elle était si indifférente qu'un jour où il entra à la maison pour lui apprendre que si elle ne retournait pas travailler, ils allaient perdre la maison, elle répondit simplement: "Et après...il y a autre chose, dans la vie..."

"Mais elle est complètement folle, pensa-t-il. Je ne vais pas vivre avec une "malade" pareille. Rien ne lui fait rien. Les enfants sont sales et barbouillés: elle s'en fout. La salle de bain est un véritable dépotoir: elle s'en fout." Quant à lui, il avait fini son engouement pour la femme indifférente. Il désirait maintenant une femme qui se prenne en mains, qui se fasse belle, qui prenne soin des enfants, du budget, du mari...

Alors, il renégocia un nouveau changement: "Tu dois changer. Redeviens celle que j'ai connue, celle que j'ai épousée et qui frottait tout le temps...sinon je m'en vais. Je ne veux plus entrer dans une maison pareille." Elle ne réagissait plus à rien. Pour se réveiller, sortir de sa léthargie, il aurait fallu qu'elle cesse de se "geler"', mais elle n'en était pas capable. Elle commençait à peine à devenir indifférente aux multiples liaisons de son mari, indifférente au confort, indifférente à tout ce qui agace la plupart des gens et il lui demandait de redevenir soignée, soucieuse de la présentation, des formes. Cette fois, c'était au-dessus de ses forces.

Ils sont maintenant séparés depuis trois ans. Cette fois, il n'est pas revenu. Elle a passé onze ans de sa vie à changer sa mentalité, ses habitudes, quand ce n'était pas de ville ou de quartier et subitement, elle a le droit d'être elle-même, c'est-à-dire de choisir elle-même le personnage qu'elle aime le mieux jouer. Elle ne sait pas... Elle avoue qu'elle était certaine que c'était là la solution pour le garder. "Je me disais qu'il n'en trouverait jamais une autre pour s'ajuster à ses caprices et que les autres femmes de sa vie ne sauraient le retenir bien longtemps. Il aime dominer et pour faire partie de sa vie, il faut pouvoir le suivre rapidement. Je croyais que cela suffisait de le suivre.''

* * *

C'est ce qu'on pourrait appeler une relation vécue dans la peur. Une relation dans laquelle la peur de perdre l'autre devient si obsédante qu'il n'y a pas de limite aux exigences de l'autre. S'être oubliée de la sorte pour retenir un homme qui finalement tombe éperdument amoureux d'une femme qui a ses droits, ses exigences, ses désirs et qui, parfois même, le conteste!

Pour le mari, étant malheureux dans sa relation avec sa femme et ne voulant pas divorcer, il lui fallait constamment partir en croisade, s'imposer de grands changements qui puissent canaliser suffisamment ses énergies, pour le détourner de ses problèmes et le décourager à entreprendre des procédures de séparation. Les grands chambardements de sa vie lui prenaient tellement de son temps qu'il ne lui en restait plus pour se demander s'il était heureux ou malheureux dans sa vie affective. Au fond, le mari voulait s'éviter de voir les choses en face. Il ne voulait pas divorcer ou, du moins, ne voulait pas se trouver dans la situation du coupable: celui qui part.

Toutes ses nouvelles philosophies n'étaient que des détours pour éviter de voir la réalité bien en face: cette femme ne lui convenait plus. Et elle, de son côté préférait ne pas aborder ce problème de peur de déclencher un affrontement qui aurait pu occasionner le départ de son mari. En conséquence, tant que les choses demeureraient ainsi, elle préférerait suivre.

L'amour qu'elle éprouvait pour lui, sa ténacité à l'aimer l'amenaient, lui, à se dire qu'elle ne méritait pas la rupture. Inconsciemment, peut-être cherchait-il à ce qu'elle se lasse la première de cette vie qu'il s'efforçait de lui rendre intolé-

180

rable. Intolérable à ce point qu'il s'est finalement épuisé lui-même à essayer de vivre ses propres changements, car elle avait une résistance...à toute épreuve!

Chapitre 9
Après le divorce

Refaire sa vie...est-ce possible?

On a presque envie de répondre, comme dans ces brèves chroniques d'horoscope du samedi: entente possible, mais difficile. Plusieurs prétendent que les deuxièmes alliances sont mieux réussies que les premières.

D'où peuvent venir ces affirmations? D'une part, on vous dira que la deuxième union a plus de chance de réussite que la première car elle serait fondée sur un choix plus averti: on aurait pris le temps de bien choisir son partenaire. D'autre part, on vous dira que l'homme, acceptant mal sa solitude, s'empresse d'aller vivre avec une femme!

Comment peut-on se précipiter ainsi et prétendre avoir eu le temps de choisir? Et comment peut-on faire un choix averti lorsque la peur de la solitude presse le choix! Il faudrait donc s'interroger sur le sérieux de ces révélations si optimistes concernant la deuxième relation car, très souvent, les faits se chargent de nous démontrer que cette relation s'est avérée aussi catastrophique, fragile ou éphémère que la première.

Il arrive également de voir divorcer des hommes supposément "en amour par-dessus la tête" avec leur maîtresse et d'apprendre, chemin faisant, les procédures à peine rédigées, que l'individu venait de quitter, encore une fois, la "femme de sa vie". Dans d'autres cas, l'individu tenait bon, du moins jusqu'à la fin des procédures, par décence ou par souci des convenances.

On voit le deuxième couple "se tenir la main" et on en conclut..."cette fois, ça va bien". Or, dans bien des cas, ils se tiennent la main pour "tenir le coup". Si on allait plus en profondeur, on découvrirait souvent que cette deuxième union persiste pour "sauver l'honneur" ou parce qu'on n'a pas encore terminé de régler les difficultés du premier divorce. Qui pourrait en effet vivre *matériellement et moralement* deux séparations en même temps?

L'individu qui vient de se séparer de sa femme afin de pouvoir enfin vivre avec "l'élue de son coeur" sait qu'il serait fort mal vu d'avoir été...disons-le...assez bête de se donner tout le mal de se séparer *pour* telle personne en particulier et de se séparer de nouveau dans un délai relativement bref, de cette même personne.

Le malheureux a droit à son orgueil personnel. Ne s'empresserait-on pas de dire autour de lui: "Je savais que ça ne marcherait pas... il ne sait pas ce qu'il veut."

Souvent, pour ne pas être instable, il supportera des choses insensées de la deuxième ou de la troisième femme, car s'il ne se "fixe" pas, il sait qu'on l'accusera d'être le responsable de son premier divorce: "Voyez-le, avec lui ça ne marche jamais. Que ce soit avec une femme ou une autre."

Subsiste donc le souci de "sauver les apparences" auprès des amis, mais aussi et surtout, le grand désir d'épater l'ancien conjoint qu'on veut punir. Il faut, dans beaucoup de cas, que l'ancien conjoint souffre du grand bonheur de l'autre. Ainsi, pour le punir, faut-il qu'on se sacrifie un peu, qu'on se punisse même au besoin.

Pour ce, on ira jusqu'à endurer une deuxième relation qui ne vaut souvent pas mieux que la première...le but étant non pas de réussir comme tel, mais de faire souffrir son premier conjoint. Il n'y a qu'à voir les yeux remplis d'orgueil du mari qui se présente au bureau de son avocat accompagné de sa maîtresse, relater toutes les crises de jalousie et l'instinct de possession de sa première femme, pour comprendre combien il est fier de ses derniers assauts dont il se dit victime.

"Ce qu'elle n'accepte pas, dira-t-il, c'est que je sois heureux cette fois". Et là, bien sûr, un clin d'oeil complice à sa maîtresse pour lui faire comprendre qu'elle ne risque pas de le perdre malgré toutes les démonstrations amoureuses de son épouse. Il ajoutera: "Faites-lui bien comprendre qu'elle perd son temps."

Il regarde son avocat, l'air enjôleur, espérant se faire dire: "Vous en avez de la chance." Mais l'avocat, plus perspicace, se demande que deviendrait ce nouveau couple en apparence si amoureux, si l'épouse frustrée ne mettait pas d'obstacles à leur bonheur. Où puiseraient-ils leur dose de romantisme pour renforcer les liens de leur union?

Il veut donc impressionner la deuxième et traumatiser la première: "Elle n'aura pas le dessus sur moi." Et se promenant de long en large, il ordonne à son avocat de sortir sa femme de sa vie... et vite. Pour beaucoup de couples, montrer à son ancien partenaire, coûte que coûte, qu'avec un autre que lui, "ça fonctionne bien", est l'ultime vengeance. N'est-ce pas pour "les autres", pour la "galerie", la preuve que c'est le premier conjoint qui est en tort, et n'est-ce pas là ce qui blesse à coup sûr ce conjoint rejeté? Est-ce que l'épouse ne se demande pas quelquefois, dans la solitude et l'angoisse qu'elle traverse: "J'ai pourtant tout fait pour lui... mais qu'est-ce que je n'ai donc pas fait?"

Avant de se culpabiliser pour une union qui n'a pas marché ou de fêter le bonheur de la "deuxième", il faudrait être assez réaliste pour se demander si cette deuxième union se maintient précisément parce que c'est la deuxième, c'est-à-dire maintenant que l'homme intelligent a vécu une première fois une séparation, est-ce qu'il ne craint pas tout simplement les complications d'une deuxième... Pour lui, accepter de se séparer à nouveau serait accepter de vivre son divorce une deuxième fois.

Il arrive donc, dans une deuxième "lune de miel", qu'on ne fasse finalement qu'endurer son mal et qu'on tolère souvent chez le deuxième conjoint ce qu'on ne pouvait tolérer chez le premier, plutôt que de se relancer dans une deuxième bataille juridique...surtout quand l'ancien conjoint fait encore des siennes. Quel homme sain d'esprit voudrait avoir deux femmes contre lui...en même temps?

C'est pourquoi les couples de la deuxième chance mettent parfois "plus d'eau dans leur vin" qu'ils ne l'auraient fait dans le passé. Mécontent de son premier mariage, l'époux devient parfois très conciliant dans son deuxième. Il se dit que ce n'est pas le bonheur parfait mais..."le bonheur, vous savez..."oubliant que c'est justement pour cette raison même qu'il a quitté sa première femme. Il y a autant de raisons pour maintenir une deuxième union sans amour...que pour en préserver une première...

* * *

Un divorcé peut-il refaire sa vie? Que doit savoir sa maîtresses ou sa deuxième épouse pour le comprendre? La maîtresse a souvent un rôle pénible à jouer lorsqu'elle "hérite" du mari divorcé. Si elle n'est pas douée pour accepter le second rôle, elle deviendra vite une personne désagréable avec laquelle il n'est pas nécessairement paradisiaque de partager l'existence. La pension alimentaire, que paie son amant à l'ancienne épouse, la frustre souvent plus qu'elle ne l'avait prévu. Souvent divorcée elle-même et n'ayant pas eu la chance d'obtenir une forte pension alimentaire, elle envie et méprise cette femme qui a eu plus de chance qu'elle.

Une fois les premières émotions passées, elle constate qu'il est frustrant de travailler pour *tout payer*...à cause des obligations de son amant. Elle travaille parce que "monsieur" donne une partie de son salaire à son ancienne femme qui se croise les bras et attend que l'argent lui tombe du ciel.

"Eh! bien, qu'elle fasse comme moi, qu'elle aille travailler', dira-t-elle, excédée, et elle finira chacun de ses discours par: "Trouves-tu cela juste toi, qu'elle ne fasse rien pendant que MOI je travaille." Et elle gémira jusqu'à ce qu'il finisse par tenter de faire diminuer ou annuler ladite pension alimentaire. Et si elle a le tempéramment agressif, c'est même elle qui l'amènera consulter (qu'il le veuille ou non) le supposé meilleur avocat de la ville, pour faire annuler la pension.

L'époux, quant à lui, se sent trahi. Cette maîtresse ne lui disait-elle pas dans ses meilleures heures de tendresse: "Je travaille... tu verras, nous nous arrangerons." Et la voilà maintenant qui lui reproche justement de travailler quand "l'autre", la parasite, ne travaille pas. Et c'est tout juste si elle ne lui demande pas: "Comment ferais-tu pour payer cette pension alimentaire si je n'étais pas là?", oubliant que si elle n'était pas là, le mari n'aurait probablement pas de pension alimentaire à payer.

Lorsqu'une femme n'a rien obtenu ou rien demandé lors de son divorce, elle voudra inconsciemment qu'aucune autre n'obtienne quoi que ce soit d'un homme, à plus forte raison si cet homme est le sien. Il a des enfants qu'il ne voit que quelques heures par semaine et lorsqu'il s'apprête à payer la pension alimentaire, elle intervient pour dire que c'est trop.

Très souvent, l'amant est malheureux d'avoir abandonné ses enfants et il a l'impression de se rattraper en faisant en sorte, qu'au moins matériellement, ils ne manquent de rien. Après un certain temps, la maîtresse le harcelle pour une requête en diminution. Le peu qu'il fait pour eux est encore trop à ses yeux. Tiraillé entre le désir de plaire à sa maîtresse et celui de ne pas priver ses enfants, la maîtresse l'emportera très certainement. Il se sentira malheureux de céder, mais il cèdera. La femme démunie, abandonnée par l'amant ou le mari n'a alors qu'un réflexe: aller frapper à la porte du ministère des Affaires sociales pour assurer sa subsistance.

On reprochera alors à l'épouse de ne pas se trouver d'emploi. Avec deux ou trois enfants en bas âge et des études secondaires inachevées, on peut se demander quel genre d'emploi pourrait lui permettre d'assumer, à elle seule, l'entretien de cette famille. Pourquoi l'épouse ferait-elle à la maîtresse le plaisir de renoncer à ses droits et avantages? La maîtresse, dans le passé, s'est-elle souciée de renoncer à son mari?

* * *

La maîtresse doit quand même toujours garder un oeil ouvert...et le bon! Beaucoup d'hommes divorcés abusent de leur maîtresse en leur laissant croire qu'ils paient une forte pension alimentaire alors qu'en fait, il n'en est rien; le but de ce mensonge étant évidemment de se faire héberger, à peu de frais, par leur maîtresse. Ils tentent de rattraper, avec la deuxième, ce qu'ils perdent avec la première. Finalement, le rôle important de la maîtresse consiste à régler tous les comptes à payer: les siens et ceux de son amant.

La justice de l'homme divorcé consiste souvent à "faire vivre" sa première femme puisqu'il ne peut faire autrement, pour ensuite se faire vivre par la deuxième.

* * *

Le nombre de requêtes visant à changer les droits de garde et de visite démontre qu'il n'est pas toujours facile de s'ajuster, lorsqu'on quitte ou qu'on recueille une famille. Le parent qui obtient la garde des enfants n'aime habituellement pas que ceux-ci aient à s'adapter à deux foyers ni qu'ils aient à se déplacer pour permettre au conjoint déserteur de les voir.

La maîtresse permet aux enfants des choses que l'épouse interdit, ou l'inverse, et l'épouse se révolte d'éduquer ses enfants d'une certaine manière et de voir la concubine ignorer ou chambarder ses principes, les fins de semaine. Souvent, les enfants reviennent à la maison agités ou bouleversés et le parent qui en assume la garde en arrive à conclure que l'autre conjoint devrait disparaître pour de bon afin que l'enfant puisse retrouver son équilibre.

Quant à cet autre conjoint, il se demande de quel droit on le priverait de visiter son enfant. Il dira alors que la véritable raison de cette demande, ce n'est pas la recherche de stabilité d'un seul foyer pour l'enfant, mais le fait que cela incommode sa femme. Et il ajoutera, paniqué: "Est-ce parce que je n'aime plus ma femme que je n'aimerai plus mon enfant?..."

Comment une femme peut-elle réorganiser sa vie avec un autre homme quand il lui faut constamment se préoccuper des droits de l'ancien père? Si elle ignore ses droits, c'est l'enfant qu'elle lèsera et si elle les reconnaît, c'est à elle qu'elle impose des restrictions.

Finalement, pour elle, divorcer signifie souvent refaire sa vie avec un nouveau mari tout en tenant compte de l'ancien mari. L'amant n'est jamais heureux de voir réapparaître l'ancien mari dans sa vie. L'amant et sa nouvelle partenaire doivent planifier leurs fins de semaine suivant les droits et les désirs de l'ancien mari. Celui-ci a obtenu de voir son enfant de trois ans le samedi après-midi; il faudra bien que quelqu'un reste à domicile pour garder l'enfant jusqu'à l'heure convenue et il faudra à nouveau quelqu'un pour reprendre l'enfant au retour.

Lorsque les avocats rédigent ce genre de document, cela peut en apparence sembler un détail, mais c'est lorsque vient le temps de vivre, semaine après semaine, ce genre d'attente, que l'épouse réalise que son ancien mari est toujours dans sa vie, à la harceler avec ses droits. L'amant est furieux de devoir être à la merci de l'ancien mari qui peut se permettre d'exiger de voir son enfant aux heures qui lui conviennent et qui, dans bien des cas, ne paie même pas une pension alimentaire convenable pour cet enfant.

Lorsque l'épouse travaille et qu'elle n'a que le samedi pour faire ses courses, elle réalise qu'elle doit attendre l'arrivée de son ex-mari pour partir. Elle n'est plus sa femme mais attend encore la sonnerie de la porte...pour lui! Si son ex-mari est jaloux de son bonheur ou qu'il n'accepte pas cette séparation, il fera très souvent exprès d'être en retard, pour désorganiser les plans de son ex-femme et de son concubin.

Non seulement l'ex-femme attend-elle dans l'anxiété "ce mari qui n'arrive pas", mais son amant s'agitera autour d'elle pour lui faire comprendre "que le temps passe, les magasins vont fermer et que...ce n'est pas une vie". Et il ajoutera: "Lundi, rapppelle ton avocat et règle ce problème au plus tôt." La mère, dans tout cela, est tiraillée: elle veut garder son amant et rayer son mari de sa vie, mais elle sait que le père a droit à ses visites et à ses sorties, sauf exception.

Les droits de visite et de sortie sont très souvent ce qui se règle le plus rapidement dans un dossier de divorce, alors que dans la vie de chaque jour, ils deviennent généralement un cauchemar pour plusieurs. Ainsi l'épouse qui veut partir avec son nouveau mari ou concubin le vendredi soir, pour la campagne, se retrouve avec le problème de son enfant de trois ans qui doit sortir quelques heures, le samedi, avec son père. Cela signifie qu'elle doit confier l'enfant à une gardienne, du vendredi au dimanche, pour que celle-ci puisse s'occuper de l'enfant, entre les droits de sortie du père.

Si la mère travaille la semaine et que l'enfant connaît déjà la garderie, il se trouvera alors privé de sa mère en fin de semaine et celle-ci ne tardera pas à s'en plaindre. La mère veut avoir son enfant avec elle la fin de semaine et ne veut pas sacrifier le chalet. Que sacrifiera le mari dans tout cela, dira-t-elle? Et on renégocie les droits de sortie du père!

Et comme Salomon, on essaiera de trancher le problème en accordant à chacun les droits qui lui reviennent.

Ainsi, les droits s'exerceront aux deux semaines. Mais l'épouse en veut davantage: puisqu'il ne peut garder l'enfant toute la fin de semaine, elle voudra que le père assume les frais de gardienne. Et elle se plaindra d'être obligée de supporter une étrangère dans son logis toute une fin de semaine, pour permettre à son ex-mari de voir son enfant quelques heures le samedi! L'amant se révoltera, s'indignera d'être celui qui assume toutes les responsabilités de l'ancien père et d'être obligé, en retour, de respecter les droits de cet homme.

Très souvent, cependant, l'épouse finira par sortir son ex-conjoint de sa vie en renonçant à toute pension alimentaire. Le père qui se battait autrefois pour obtenir des droits de sortie et de visite de son enfant se retire sans histoire...pour quelques dollars!

* * *

Dans beaucoup de cas, la situation sera cependant plus complexe, le nouvel amant ayant lui-même des enfants qu'il doit "sortir", les fins de semaine.

Il est assez facile d'imaginer les frustrations de l'épouse lorsqu'elle se retrouve avec deux familles à la fois, les fins de semaine, alors qu'elle est fatiguée de sa semaine de travail. Et cela peut devenir davantage frustrant pour elle lorsque comme dans le dernier cas, elle se trouve privée de son propre enfant et envahie par ceux de l'autre.

Les deux nouveaux conjoints tentent alors de renégocier chacun de leur côté d'autres droits de sortie et de visite, en tenant compte de leurs désirs et de leur disponibilité...qui n'iront pas nécessairement dans le même sens que leur ex-conjoint.

Quand on veut refaire sa vie, on aime bien mettre toutes les chances de son côté. Dans le divorce, le moins qu'on puisse dire, c'est qu'on ne se rend pas la tâche facile, quand on traîne avec soi tous les problèmes qu'engendre une séparation.

Pour que deux partenaires s'ajustent, il faut un certain temps. Dans cette nouvelle façon de vivre, c'est toute une famille et parfois deux qui doivent s'adapter en même temps. Cela demande beaucoup d'altruisme, de patience et d'amour à une époque où la nouvelle mentalité tend à éliminer tout ce qui est contraignant.

Le conjoint est stressant: on le quitte. Le travail est épuisant: on le quitte. Les enfants sont assommants: on les quitte. Au bout du compte, le gouvernement assume nos responabilités à notre place: il place les enfants dont on ne veut plus s'occuper dans des foyers, des institutions en payant à la place des parents la pension qui s'impose. En outre, le gouvernement sera encore là pour payer le divorce si on n'aime plus son conjoint. Quand on constate tout cela, quand on sait qu'on aime un homme qui a déjà, dans le passé, quitté sa femme "pour pas grand-chose"... un amant qui quitte les lieux dès que le stress se fait sentir, comment peut-on espérer "refaire sa vie", pour très longtemps...quand on lui fait vivre ce genre de situation? Il s'ensuit de tout ce climat, que la femme qui refait sa vie sent que ses nouvelles amours sont extrêmement fragiles. Elle se sentira souvent redevable envers son amant: elle le trouvera héroïque de l'avoir acceptée avec des enfants. Elle s'installe donc avec lui en position d'infériorité, devant prouver sa reconnaissance et s'épuisant à lui démontrer sa gratitude... pour qu'il ne parte pas. Elle préviendra ses enfants que ce genre d'homme ne mérite pas d'avoir d'ennuis à cause d'eux. En fait, elle craint qu'ils n'amènent des problèmes dans sa vie de couple; car elle sait que les difficultés à résoudre ne sont pas à cette époque, ce qui unit un couple mais ce qui risque plutôt de les éloigner.

Le plus étrange, dans le cheminement de ce genre de femme, c'est qu'après avoir elle-même condamné son mari pour l'avoir abandonnée dans le passé avec ses enfants, elle refera souvent sa vie avec un homme qui aura abandonné ses enfants...pour refaire sa vie avec elle. En ce temps-là, elle s'épuisait à dire: "Si j'avais su que mon mari était du genre à abandonner ses enfants, je ne l'aurais jamais épousé."

Aujourd'hui, elle convole en justes noces avec un homme...tellement différent!

Tout comme le mari se présente chez son avocat pour faire diminuer la pension alimentaire afin de plaire à sa maîtresse, l'épouse fera de même afin de faire annuler les droits de visite du père, pour plaire à son amant; ou alors, elle exigera qu'il augmente la pension versée pour l'enfant, sinon...il ne le verra plus.

Elle allèguera que l'enfant est perturbé à la suite des visites de fin de semaine de son père. Comment savoir si cela est vrai. Comment démêler tout cela? Comment savoir, en quelques heures à la Cour, s'il s'agit d'un véritable cas d'abus des droits de sortie ou s'il s'agit de la revanche du conjoint rejeté? De son côté, l'amant est fatigué de ce mari qu'il ne connaît pas, qui lui gâche ses fins de semaine et qui tire le meilleur parti de la situation.

Une décision parfois difficile

Monique s'était taillé une place au soleil à coups de sacrifice. Elle était partie de loin... Un beau jour, son mari lui avait appris avec nostalgie que le palais qu'elle habitait, la chambre qu'elle occupait serait prise par quelqu'un d'autre. Comme cela, sans raison... Elle tenta vainement d'arranger les choses, mais il était amoureux. Comme il n'était pas mauvais mari, il proposa un voyage...genre "dernière lune de miel" afin de savoir s'il y avait moyen de réajuster leur vie de couple.

Monique se souvient avec aigreur de ce voyage autour du monde au cours duquel il la quittait à tout moment, pour faire un appel d'urgence dans une cabine téléphonique...sans oublier les cadeaux souvenir qu'il achetait dans chaque nouvelle ville et qui étaient "censés" être destinés à sa mère et à sa nièce qu'il ne visitait plus...

Monique, qui s'était mariée "pour le meilleur et pour le pire" et qui n'avait jamais levé les yeux sur un autre homme, essaya de trouver un arrangement qui puisse satisfaire toutes les parties à la fois: "Restons ensemble...au moins pour un certain temps...Il se peut qu'il n'y ait rien de sérieux dans toute cette affaire...Après un certain temps, tu verras certainement plus clair."

Après le "certain temps", Monique découvrit que le "restons ensemble" était devenu "reste toute seule dans ton palais pendant que j'habite dans le taudis de la misère, avec cette autre femme que j'aime." Elle n'eut pas à s'en plaindre jusqu'au jour où la maîtresse du quartier de la famine tomba enceinte.

Lui qui avait déjà quatre beaux enfants avec sa première femme, fêta cette nouvelle comme s'il se fut agi d'un miracle. Ce "petit prince"' qui naîtrait ne pouvait certes vivre là-bas, dans cette chambre... Alors, Monique perdit et le mari et le palais et les enfants. Après un divorce qui lui coûta ses économies et ses énergies, elle se retrouva seule... et elle se jura bien que ce serait pour longtemps. C'est donc dans la solitude, l'abandon des enfants qu'elle aimait, la douleur d'avoir perdu le seul homme qu'elle ait jamais aimé, qu'elle se recycla.

Après quelques années de sa misérable vie, Monique se retrouva avec un poste de commande inespéré, situation qui lui permettait de rencontrer des gens intéressants: "Rien n'ira jamais plus loin", disait-elle. Et pourtant, un beau jour l'imprévisible se produisit. Monique rencontra l'homme d'affaires par excellence qui lui fit une "cour" du même style. Il était du genre qui n'aime pas perdre son temps et qui n'a pas l'habitude d'investir dans ce qui n'est pas rentable.

"J'ai quarante ans, lui dit-il. Je n'ai pas d'enfant à ma charge. Tu es la femme que j'ai toujours cherchée. De plus, tu es libre. Tu n'as pas d'enfant... J'ai l'intention de refaire ma vie... Je vais demander le divorce et nous allons nous installer ensemble.''

Il était évident qu'il se cherchait une véritable compagne, une femme qui soit disponible et non une femme qui laisserait la maison sens dessus dessous pour se donner d'abord et avant tout à son travail. Il ne voulait pas nécessairement, disait-il, qu'elle quitte le travail puisque depuis des années, elle pouvait cumuler les deux en étant parfaite aux deux endroits à la fois.

Le problème de Monique c'était que cet homme habitait dans un coin perdu et à supposer qu'elle accepte de le suivre, tout serait à recommencer: les postes intéressants, du calibre de celui qu'elle occupait, n'existaient pas ou étaient déjà occupés. Elle se demandait ce que serait son avenir, à supposer qu'il la quitte dans quelques années. Devrait-elle passer sa vie à se recycler et à recommencer au bas de l'échelle?

Qu'est-ce que ce deuxième amour lui apportait, finalement? Certaines femmes perdent la pension alimentaire du premier époux; Monique, quant à elle, devait quitter un emploi qu'elle aimait pour suivre un homme qu'elle croyait aimer.

Si cet homme devait un jour l'abandonner, elle savait qu'elle se retrouverait aussi dépourvue que lors de son premier divorce. Se faire avantager ou prévoir cette éventualité aurait été au moins une sage précaution; mais elle considérait que ce n'était pas le moment de parler d'avantages matrimoniaux quand il en était encore à divorcer de sa première épouse. ''Il croira que c'est ''son argent'' qui m'intéresse.'' En outre, Monique, comme beaucoup de maîtresses, avait déjà commis la maladresse de critiquer l'ex-épouse qu'elle jugeait trop exigeante dans ses négociations... Elle ne pouvait donc pas se présenter à son tour avec les mêmes exigences...

Son choix se résumait donc à ceci: démissionner du poste qu'elle occupait et qui l'enchantait pour suivre cet homme qui lui semblait déterminé dans ses amours comme dans ses affaires, ou garder son emploi et risquer de perdre l'homme qu'elle aimait...parce qu'elle n'avait pas voulu prendre de risque. Il faut presque être un habitué des grands casinos pour comprendre le choix qui s'offrait à elle, en cette minute.

Et comme tous les grands joueurs, Monique joua sa chemise. Elle quitta son poste pour s'installer dans ce coin de villégiature...qui l'enchante encore après quelques années. La seule ombre au bonheur: comme tous les amants, leur histoire connaît des hauts et des bas. C'est quand elle est "au plus bas" que Monique réalise qu'après plusieurs années passées auprès de lui, elle n'a pas encore trouvé la façon de se négocier une clause de contrat avantageuse en cas d'abandon.

Monique est maintenant en mauvaise posture pour lui faire signer quelque entente que ce soit. Tout bon négociateur lui dirait qu'elle était en position de force lorsqu'elle avait son indépendance, son appartement, son travail. "Mais...disait-elle...négocier...parler d'argent...en pleine déclaration d'amour... cela se fait·il... ? "

Lui, en homme d'affaires avisé, comprend que cette clause serait son arrêt de mort, advenant que la situation se détériore. Ce couple a de grandes chances de durer longtemps, la peur de repartir à zéro étant suffisante pour faire supporter les tempêtes.

Et les enfants dans tout cela

Quel avocat n'a pas reçu, un lundi matin, ce genre d'appel: "Mon mari devait prendre l'enfant à sept heures, vendredi soir. Mon fils était tout habillé et l'attendait sur le palier (parce que je ne veux pas que mon mari entre dans la maison). Il a attendu jusqu'à huit heures... Mon mari n'est pas venu et n'a pas téléphoné. Moi, je devais sortir avec une amie et je n'avais pas réservé de gardienne, vu que mon mari était censé le prendre..."

Et la mère ne peut s'empêcher de déblatérer contre le père qui vient à nouveau de lui faire un dernier coup de sa spécialité. "Pourquoi est-ce toujours *lui*, seulement *lui* qui a tous les droits?"

Tout le monde s'apitoie sur le sort de la malheureuse et personne ne songe un instant au drame vécu par l'enfant...qu'on a oublié sur le palier. L'enfant se demande avec raison *qui* il est pour qu'on décide de le laisser tomber à la dernière minute, sans excuse ni préavis. A-t-il, aux yeux de ses parents, une quelconque importance pour que l'un et l'autre n'hésitent pas un instant à se servir de lui, à lui faire mal au besoin, du moment qu'on puisse détruire et blesser ce conjoint qu'on déteste?

On dira toujours, en parlant de la mère ou du père, que "l'autre" lui en fait voir de toutes les couleurs. Mais rarement les gens s'inquiéteront du tourment vécu par l'enfant. Si certaines mères sont prêtes à donner la moitié de leur vie pour le bonheur de leurs enfants, d'autres en échange passeront la moitié de leur vie à retourner les enfants au mari ou à les reprendre, selon que l'objectif sera d'embêter la nouvelle compagne du mari ou d'obtenir une plus forte pension alimentaire.

Certains pères, pour leur part, traînent leurs droits de visite et de sortie comme une obligation. Ils vont chercher l'enfant, le déposent à la maison avec la concubine et partent pour la journée. L'enfant est alors seul avec une étrangère qui vaque à ses occupations ou qui ne sait pas quoi lui dire, pour être gentille. Quant au père, sa joie s'exprime ainsi: "Si tu n'apprécies pas tes droits de sortie, tu n'as qu'à rester avec ta mère."

L'épouse se glorifiera souvent d'avoir retourné les enfants à son mari, en précisant: "Les enfants trouvent ça pénible, il paraît qu'elle crie tout le temps. Je suis bien contente. Mon mari va s'apercevoir qu'elle n'est pas mieux que moi."

Finalement, tant pis si les enfants en souffrent, du moment qu'ils peuvent servir à détruire l'harmonie des nouveaux amants. Il est également très fréquent d'entendre, lors du divorce, le père ou la mère dire à l'enfant: "C'est le temps de dire à l'avocat avec lequel de nous deux tu veux aller vivre. Penses-y deux fois...parce que tu ne joueras pas avec moi. C'est elle ou c'est moi, mais ne t'imagine pas que tu vas te promener chez l'un ou chez l'autre, à ta convenance."

Celui qui parle ainsi est souvent un conjoint qui est retourné à plusieurs reprises chez lui, tenter des réconciliations. Celui-là a tous les droits: quitter sa femme, la reprendre, retourner vers sa maîtresse; mais l'enfant, lui, doit avoir la sagesse de faire un choix définitif. Il doit savoir, pour les cinq prochaines années, avec lequel des parents il veut vivre. L'adulte exige alors de son enfant ce qu'il n'a même pas réussi, lui, dans son monde adulte. Et l'enfant intelligent comprend que dans cette séparation qu'il n'a pas voulue, il est celui qui n'a pas le droit de se tromper.

* * *

On hésite à éliminer son conjoint de sa vie, bien qu'il ne soit plus le partenaire idéal; l'enfant, lui, bien qu'il aime ses deux parents, doit pouvoir rayer de sa vie, sans regret, l'un des deux parents. Et comme s'il s'agissait d'une quelconque question-concours, l'adolescent n'a que quelques minutes pour trouver la bonne réponse. Et tout comme s'il s'agissait de son propre divorce, il arpente, anxieux ou indifférent, le long corridor de la Cour des divorces, se demandant de quel côté se trouve la "poule aux oeufs d'or"!

Entre autres choses, il se demandera lequel de ses deux parents lui laissera le plus de liberté. L'adolescent a souvent tendance à choisir le parent qui dérangera le moins sa vie personnelle. Puisque les parents cherchent d'abord et avant tout leur propre intérêt dans la façon de résoudre le problème du droit de garde, celui-ci ne voit pas pourquoi il ne chercherait pas de son côté où est son intérêt. On lui a appris à calculer d'abord, à aimer ensuite. C'est une leçon dont il se souviendra quand il devra fixer son choix. On lui demande non seulement de se décider, mais de le faire rapidement et pour longtemps. Les parents attendent, nerveux et agressifs, sa décision. Il ne peut se permettre l'erreur d'un mauvais choix puisqu'on lui a signalé qu'il pourrait le regretter longtemps.

Il existe bien sûr des cas où le divorce ne cause aucun problème, mais très souvent, la bonne entente s'est faite au détriment d'autre chose de plus précieux. C'est ainsi que, voulant "acheter" la paix, l'un des deux aura démissionné de son rôle de parent. Il n'insistera pas pour voir les enfants parce que son épouse a eu la gentillesse de ne pas demander de pension alimentaire...pour le moment. Pour ne pas la provoquer à le faire, il laissera aller les droits de visite, ce qui revient à dire qu'il aura renoncé à ses droits de père pour une question d'argent. L'enfant n'est pas dupe et comprend qu'on a négocié en termes d'argent son droit d'avoir un père ou de ne pas en avoir.

Quant à la mère, pour ne pas être embarrassée par le père dans l'avenir, elle aura décidé que l'enfant ne souffrirait nullement de ne plus voir son père. On choisit souvent la vérité qui sert le mieux nos intérêts... Elle a donc convaincu l'enfant que c'était mieux ainsi pour tout le monde, c'est-à-dire...pour elle. L'enfant comprend deux choses: s'il insiste pour voir le père, il désorganise la vie de sa mère qui prétend avoir le droit de repartir à zéro; d'autre part, s'il arrivait à la convaincre qu'il a besoin de son père, ce serait rechercher un père qui ne tient pas à lui.

L'idéal serait bien sûr que l'enfant puisse aller chez l'un ou chez l'autre, selon ses envies et ses besoins, sans qu'il y ait d'animosité dans l'air. Malgré tout l'amour qu'une mère peut éprouver pour ses enfants, il faut reconnaître qu'il devient frustrant de constater que c'est toujours la même personne qui écope des responsabilités et toujours la même, également, qui s'en tire bien.

L'épouse n'a pas toujours les moyens de s'offrir des fins de semaine de rêve; lorsqu'elle trouve enfin les moyens financiers de le faire, elle aura toujours la préoccupation de devoir faire garder les enfants. Quant au mari, il aura tout le loisir de refaire sa vie sans enfants à ses côtés. Il ne verra souvent les enfants que lorsqu'il n'aura rien d'autre à faire ou encore, lorsque son programme de fin de semaine le lui permettra... ou que sa maîtresse sera bien disposée.

Par ailleurs, quand le mari paie une pension alimentaire, si minime soit-elle, il n'est pas rare qu'il se croie tout permis. On l'entendra souvent dire: "Elle n'a pas à se plaindre, avec tout l'argent que je lui donne."; ou encore: "Cet argent-là est censé profiter aux enfants, pas aux gardiennes pour que madame sorte et se paie du bon temps." Et il concluera: "Je la paie, c'est bien le moins qu'elle garde les enfants."

Lorsque l'avocat parle d'entente à l'amiable pour les droits de sortie et de visite de l'enfant, il n'ignore pas les heurts inévitables qui surgiront. En ce qui concerne le droit de garde de l'enfant, l'avocat expliquera, dans le but de tempérer les parties en cause, que ce droit n'est pas irrévocable et que tout peut à nouveau se renégocier. C'est une façon comme une autre de consoler le parent qui n'a pas la garde de son enfant en lui laissant entrevoir la possibilité de reprendre son enfant plus tard si tel est son désir. En théorie, qui ne se laisserait pas séduire par ce genre d'argument? En pratique, voyons ce que cela signifie.

Imaginons le cas de l'épouse qui obtient la garde de son fils de treize ans. Elle travaille parce que la pension alimentaire ne lui suffit pas, ce qui est fréquent. Il est évident qu'elle prendra un logement avec deux chambres. Elle vient tout juste d'aménager et a choisi l'endroit en fonction de ce fils dont elle a la garde. Après un certain temps, le fils croit sincèrement qu'il serait plus heureux avec le père. Il voudrait au moins essayer d'aller vivre avec lui.

Est-ce que la mère, pour qui chaque dollar est précieux, doit continuer de payer pour une chambre inoccupée, tout en perdant la pension alimentaire pour son fils? Est-ce qu'elle doit se trouver un logement plus petit et encourir, une fois de plus, les frais de déménagement avec le risque qu'une fois réinstallée, le fils revienne (ce qui est souvent le cas) parce qu'il ne peut s'entendre avec la concubine du père et que, tout compte fait, il se trouve encore mieux avec sa vraie mère?

Si l'enfant revient, cela suppose que la mère a de nouveau droit à la pension alimentaire. Si le mari s'obstine à refuser de payer — à moins qu'il n'y soit expressément obligé par la Cour — cela signifie pour elle une nouvelle bataille juridique qu'elle gagnera sans doute, mis à part les nouveaux frais judiciaires.

* * *

Quant aux enfants eux-mêmes, les droits de sortie et de visite représentent souvent leur pire cauchemar. Ils sont plus souvent frustrés qu'ils ne l'avoueront. Comment confier à sa mère qu'on ne veut plus voir son père, lorsqu'elle se montre soulagée de voir arriver la fin de semaine pour se défaire de ses enfants et se reposer?

Si l'enfant sent qu'il allège le fardeau de la mère ou qu'il lui laisse le repos qu'elle mérite, il se résignera aux droits de sortie, même si ceux-ci l'incommodent au plus haut point. Par contre, si l'enfant sent que la mère désapprouve les visites et les sorties du père, il n'osera plus confier qu'il est heureux de voir arriver les fins de semaine.

Lorsque les droits de sortie et de visite se règlent à l'amiable, ils se déterminent en tenant compte de la disponibilité des parents. On ne consulte pas toujours l'enfant pour lui demander son avis. Or, l'enfant ne peut voir ses amis et pratiquer ses sports préférés que les fins de semaine. Règle générale, la majorité des enfants sont soumis à une certaine discipline pendant la semaine, en fonction de leur rendement scolaire. L'enfant rêve donc de sa fin de semaine pour réaliser ce qu'on lui interdit sur semaine; mais voilà que le père exerce maintenant ses droits de sortie le samedi. Résultat: au lieu de jouer au hockey avec ses amis, comme il le faisait avant le divorce, il se retrouve loin de son quartier, seul avec son père dans un appartement à écouter la télévision. Pour lui, le divorce signifie qu'il se retrouve seul avec l'amie de son père pendant que ses amis s'amusent et profitent de leur congé.

Il arrive que le père soit conscient de cette situation et demande à l'enfant ce qu'il préfère: les droits de visite ou les sorties avec les copains. L'enfant déteste ce genre de choix car au fond, il souhaiterait avoir les deux. Si la relation avec son père a toujours été bonne, il ne peut pas choisir entre avoir besoin de voir son père et vouloir jouer une partie de football. Un enfant pourrait choisir entre jouer un match de tennis ou une partie de soccer mais il ne peut pas choisir entre avoir un père et aller s'amuser.

Certains pères préparent soigneusement les droits de sortie de façon à intéresser leur enfant. Mais lorsque celui-ci revient à la maison et qu'il veut raconter sa merveilleuse fin de semaine, la mère ne veut rien entendre parce qu'elle s'imagine que le père agit ainsi pour la provoquer, elle qui ne peut rien payer de luxueux à son fils: "Il fait cela pour t'épater, ou encore pour que tu ailles vivre avec lui. Je le vois venir, je n'aurai plus de pension alimentaire. C'est ça qu'il veut. Il ne s'est jamais occupé de toi quand il vivait ici et maintenant qu'il est parti, tu deviens important. Qui est-ce, dans le passé, qui a fait ceci ou cela pour toi?" L'enfant apprend donc malgré lui à se taire, à garder pour lui ses joies comme ses peines. Il découvre, dès son jeune âge, les lois et les ruses de la diplomatie, l'art de feindre lorsque nécessaire, pour ne rendre personne malheureux.

Lorsque le père, pour se faire apprécier, répète constamment à ses enfants qu'il n'est pas obligé de s'occuper d'eux, de les sortir en fin de semaine, qu'il pourrait les abandonner lui aussi comme tant d'autres mais qu'il ne le fait pas parce qu'il les aime ou encore simplement parce qu'il veut leur faire plaisir...que fait un enfant qui a de la reconnaissance d'une part et qui sait qu'il existe des pères qui abandonnent leurs enfants d'autre part? Est-ce qu'il répond à cet homme qu'il est en train de gâcher son enfance, qu'il est fatigué de la vie à la campagne ou est-ce qu'il continue de se laisser frustrer et priver de ses droits...?

C'est ainsi que l'enfant apprend également à manipuler le monde adulte. Il sait exactement ce qui révolte l'un, ce qui choque l'autre et ce qui les fait marcher tous deux. Lorsque le père dira par exemple à son fils: "Sois bien à l'aise. Préfères-tu que je vienne te chercher la semaine prochaine ou qu'on reporte ça à une autre fois? Ne te gêne pas; si tu as des amis à voir, je comprends ça." Que croyez-vous qu'un enfant intelligent qui a besoin de nouveaux skis de fond va répondre à cela...? Un autre peut commencer à douter des bonnes intentions de son père et se demander si ce n'est pas une façon polie et courtoise de se débarrasser de lui.

* * *

Et il existe cette autre catégorie de maris qui cessent d'exercer leurs droits de visite et de sortie lorsqu'ils découvrent que leur ex-femme en profite pour rencontrer un homme: "Si elle refait sa vie, je n'y aurai pas concouru." L'ex-mari ne veut lui être d'aucune aide en ce domaine. Tant pis si les enfants souffrent de ne plus le voir. La seule chose qui importe, c'est de ne pas servir de gardienne à l'épouse. Ce type d'homme serait bien prêt à continuer de voir ses enfants si l'épouse en profitait pour se reposer ou vaquer à ses occupations, mais pas pour qu'elle puisse s'offrir du bon temps avec un homme. "Elle ne rira pas de moi", conclura l'époux.

C'est dans cet esprit qu'un mari avait expressément demandé à voir ses enfants séparément. En les voyant ensemble, disait-il, il simplifiait la tâche de sa femme qui pouvait sortir et rencontrer des hommes en toute quiétude. En voyant les enfants chacun leur tour, elle en avait toujours un à la maison. Il ne servait donc pas la cause de son épouse. Pourtant, c'était lui au temps du mariage qui trompait sa femme. En apprenant que son ex-épouse était allée danser un samedi soir, il devint furieux et dès le lundi, appelait son avocat pour faire changer les droits de sortie qui ne lui convenait plus.

Quant aux femmes, elles ne sont parfois guère plus louables que les hommes. Elles n'hésiteront pas à dire: "Si tu veux pas aller avec ton père, arrange-toi pour que je ne te voie pas, en fin de semaine. Je n'ai que ce temps-là pour me reposer." Elles ajouteront: "Ton père mène la belle vie. Il vient te chercher quand ça fait son affaire. Moi, je t'ai toujours sur les bras." Et à la moindre discussion qu'elles provoquent, c'est le chantage classique: "Si tu n'es pas content avec moi, tu peux toujours aller vivre avec ton père. Ça fait exactement deux ans qu'il n'a même pas pris de tes nouvelles." On s'étonne dans certains cas que l'enfant n'ait pas l'audace de répliquer: "Mais ce n'est tout de même pas moi qui l'ai choisi, ton mari!"

Souvent, les clientes, pour que leur avocat s'apitoie sur leur triste sort, raconteront qu'elles ont dû abandonner l'enfant lors du départ du mari parce qu'elles étaient sans ressources et ne pouvaient pas subvenir aux besoins de ce dernier. Il est tout de même étrange de constater que lorsque le mari décède, la majorité des veuves continuent d'assumer leur rôle de mère et ce, même dans les cas où le mari est mort sans laisser d'héritage important.

On serait porté à croire que c'est surtout lorsque la mère a été abandonnée qu'elle aspire à se venger en abandonnant à son tour l'enfant. Le manque de ressources devient alors le prétexte pour rejeter son enfant sans se sentir cou-

pable. Il y a, ancrée en elle, la conviction d'une injustice fla-
grante: "Pourquoi serait-ce moi qui devrais me sacrifier? Il est
bien parti, lui. Je ne suis certes pas pire que lui."

C'est souvent lorsque le mari, après quelques mois
d'absence, réapparaît et demande la garde de son enfant que
la mère trouve soudainement les ressources financières suf-
fisantes pour en demander la garde à son tour. C'est alors la
scène attendrissante de la mère martyre qui a été obligée
d'abandonner son enfant. Comme l'épouse qui raconte son
calvaire finit souvent par y croire,il serait peut-être bon, pour
sa réhabilitation, qu'elle apprenne à voir les choses dans leur
juste proportion, c'est-à-dire sans leur donner la couleur
qu'elle voudrait qu'elles aient.

* * *

L'histoire d'une femme sans ressources

Marie-Josée avait épuisé tous les moyens pour faire
divorcer son amant. Un beau jour, elle se trouva enceinte.
Lorsqu'elle lui apprit cette heureuse nouvelle, il se sentit dans
un tel guet-apens qu'il partit à la hâte se réconcilier avec son
épouse.

La maîtresse éconduite accoucha sans complication d'un
enfant en excellente santé. Elle garda l'enfant avec elle
quelque temps. Elle appela alors l'ancien amant, lui demandant de venir au moins les voir, elle et l'enfant. Elle l'appelait, pleurait, suppliait: rien n'y faisait. Il reniait cet enfant,
l'accusant même d'avoir planifié cette grossesse et l'aver-
tissant que jamais il ne ferait quoi que ce soit pour elle ou pour
l'enfant.

Peu après, elle abandonna son enfant en disant que cela
lui "crevait le coeur", mais qu'elle n'avait pas les moyens de le
faire vivre. Pour le bonheur de celui-ci, disait-elle, il valait

mieux y renoncer. Un an plus tard, alors qu'elle était toujours dans la même situation financière, elle rencontra un homme dont elle tomba éperdument amoureuse. Il était "sans emploi" et rêvait...d'une voiture de l'année. Elle emprunta alors à différents endroits et le bien-aimé put avoir la voiture dont il rêvait! Cette histoire dure depuis cinq ans déjà...et les ressources financières pour faire vivre son amant qui n'a pas encore trouvé d'emploi...elle les trouve toujours.

* * *

Il est étrange de constater que c'est à l'époque même où une femme peut n'avoir que les enfants qu'elle désire, qu'elle fait des enfants qui sont de trop dans sa vie...principalement lorsque survient une séparation...Elle ne les abandonnera pas toujours, mais ils comprendront sans grand effort qu'ils dérangent et qu'ils peuvent s'estimer chanceux de ne pas avoir été reniés..."comme l'a fait leur père..."

Le couple rêvait depuis si longtemps d'un moyen qui lui permettrait de n'avoir que les enfants qu'il pourrait assumer. Cela règlerait tant de problèmes, pensait-il: "On n'aurait que le nombre d'enfants dont on est capable de s'occuper."

Faudrait-il en conclure que les gens surestiment leur capacité...qu'ils continuent de procréer en espérant créer des attaches ou en ayant la naïveté de croire que leur mariage durera toujours?

Chapitre 10
Les réalités

Qu'elle aille voir le... bien-être social

Il avait environ quarante ans et se promenait comme un collégien en chaleur avec son bracelet gravé: "Plus qu'hier, moins que demain" et sa chaîne en or à laquelle pendait un médaillon sur lequel était inscrit: "À mon amour"... Un tel roman, on s'en doute, allait finir au bureau de l'avocat.

Les présentations furent plutôt brèves: "Il paraît que vous êtes un bon avocat. Arrangez-moi ça pour pas plus que 25$ par semaine et faites comprendre à ma femme qu'elle n'aura rien de plus, sinon je laisse mon travail et je me mets sur le "bien-être..."

Son meilleur argument consistait à dire et à redire que son ami qui faisait le même salaire que lui s'en était tiré avec un montant de 25$ par semaine. Sa femme travaille sans doute... Non, coupa-t-il, sa femme est sur le bien-être social. Que la mienne fasse pareil!"À tous les arguments, il n'avait qu'une seule réponse: "Je ne suis pas plus bête ni plus fou que mon ami."

Le père de l'épouse avait, au début de leur mariage, avancé 5000$ au jeune couple pour leur "permettre" de démarrer du bon pied. Au lieu d'acheter des meubles, tel que convenu, il avait dépensé cet argent en achetant des voitures qui "lâchèrent" les unes après les autres, jusqu'à ce qu'il ne reste plus rien des 5000$.

Le beau-père n'avait jamais osé demander rembour- sement, chaque fois qu'il risquait une allusion à ce sujet, le gendre lui faisait comprendre que sa situation financière ne s'était guère améliorée. Au moment du divorce cependant, le beau-père ne voyait plus de raison de ne pas exiger remboursement de la dette.

Lorsqu'on lui proposa de négocier une entente avec le beau-père, il n'eut qu'une seule réponse mais ferme: "Je ne peux pas le payer. Dites-lui que s'il me pousse au pied du mur, je vais déclarer faillite..." Le beau-père, n'ayant rien à gagner d'une faillite, laissa tomber sa demande. L'épouse se contenta du 25 $ par semaine et se présenta au bureau du bien-être social pour le reste.

Le client, quant à lui, quand il découvrit que sa nouvelle concubine avait perdu ses prestations sociales parce qu'elle vivait avec lui, lui fit gentiment comprendre que dans de telles conditions, il valait mieux pour elle qu'elle se défasse de ses enfants. "Après tout, disait-il, n'ai-je pas abandonné les miens par amour pour toi." Il était bien normal qu'il exige d'elle la même preuve d'amour...puisque les enfants n'étaient pas "rentables". Et il ajoutait: "On n'a déjà pas assez d'argent pour nous deux." D'un argument à l'autre, elle renvoya les enfants à l'ancien mari qui lui les refila à sa mère, qui elle à son tour essaya d'obtenir de l'aide sociale...

L'amour, dit-on, est une chose qui ne s'explique pas. C'est du moins la conclusion qui s'imposait le lundi matin en apprenant que l'épouse avait supplié le mari de tenter une dernière réconciliation. La réconciliation échoua et il abandonna à nouveau sa femme et ses enfants pour aller retrouver sa concubine. Son histoire était plutôt triste. Il était (pour des raisons que nous avons longtemps cherché à comprendre) aimé et adoré de ces deux femmes à la fois. S'il était finalement coupable de quelque chose...c'était d'aimer la deuxième à la folie et de s'être laissé apitoyer par la première. Puis, il expliqua: "Je vous jure, ce n'est pas de ma faute. J'ai cédé. Elle m'envoie des lettres d'amour à mon travail, me téléphone, m'attend à 5 heures à la sortie... J'ai essayé avec elle mais...vous êtes une femme, vous allez comprendre...avec elle...je ne sais pas comment dire ces choses-là, mais ce n'était pas comme avec l'autre."

— Disons...que votre intimité n'était pas la même.

— C'est en plein ça, dit-il. Elle n'est pas comme l'autre...

— Peut-être ne lui faites-vous pas "les choses"...avec la même ardeur...

Au lieu de protester, il acquiesça: "C'est vrai que je ne suis pas pareil avec les deux." Le voyant disposé de la sorte, on aurait pu croire qu'il se laisserait attendrir par les problèmes de ses enfants. Tentant alors d'aborder à nouveau la question financière afin de l'amener à comprendre que ce n'était pas la faute de ses enfants ni celle du gouvernement s'il était maintenant amoureux d'une autre femme et qu'en conséquence il se devait de comprendre que ce n'était pas avec un montant de 25 $ par semaine que ses enfants vivaient bien et mangeaient à leur faim, il se raidit. "Là, je ne vous suis pas du tout, Maître. Le bien-être social est là pour ça...je serais bien fou de payer quand les autres ne paient pas et que mon "ami"...

À quoi bon lui expliquer que si ce n'était pas à lui de faire vivre ses enfants, ce n'était certes pas à l'avocat de la partie adverse, ni à monsieur le juge qui entendrait la cause.

Il ajouta qu'il ne comprenait pas ces scrupules. L'avocat de son "ami" lui avait dit: "Ta femme n'aura qu'à se présenter au bien-être social."

Cet avocat avait-il vraiment dit cela? Peut-être... Dans ce cas, il n'avait pas encore compris que le bien-être social, c'était lui et tous les autres qui l'alimentaient. Et lorsqu'il trouvait pénible d'avoir à se lever le matin pour aller travailler, sans doute n'avait-il pas compris non plus que c'était pour en faire bénéficier des gens en excellente santé comme celui-là, sans quoi il se serait peut-être abstenu.

Et l'adversaire eut beau protester, crier, se lamenter, il resta de glace: "C'était 25 $ par semaine comme son

"ami"...qu'elle aille voir le bien-être social comme les autres."
Et avant de partir, il ajouta qu'il allait quitter son emploi
plutôt que de lui donner un sou de plus. Le tout fut accepté.
Dans les circonstances, il s'en était tiré comme un professionnel. Il faut croire que ce succès lui monta à la tête car
quelques semaines plus tard, il revint au bureau.

Il était maintenant dans l'impossibilité de continuer de
donner les 25$ par semaine à sa femme, puisqu'il s'était
blessé à la jambe. Il y a de ces coïncidences dans la vie!
S'agissait-il d'une fracture? Après tout, il y avait peut-être
une justice en ce monde. Mais non, il ne s'agissait que d'une
blessure; mais il avait bien l'intention de prendre quelques
mois de repos. Il restait simplement à informer la partie
adverse de cette heureuse nouvelle.

Avant qu'il ne quitte le bureau, pourquoi ne pas risquer
une dernière question: "Et votre "ami" s'est-il blessé à la
jambe en même temps que vous?"... Il avait très bien
compris l'allusion, car il se mit à rire et ne répondit pas.

Comment comprendre qu'un homme puisse être au
repos pendant des mois pour une simple blessure à la jambe
alors que dans un même temps, les handicapés, les "vrais" se
cherchent du travail!

Il ne dialoguait jamais

"Vous en connaissez beaucoup de gens qui auraient le
goût de dialoguer après soixante heures de travail par
semaine?"... C'est en ces termes que le mari se présenta chez
son avocat pour divorcer. "J'espère qu'il y a quelque chose
à faire dans mon cas pour me séparer, car c'est devenu "invi-
vable" à la maison."

Comme beaucoup de jeunes couples, le mari était cousu
de dettes, mais il avait décidé de s'acquitter de toutes ses obligations en cumulant plusieurs emplois. Il travaillait parfois de
nuit, de soir et parfois même les fins de semaine. Son appar-

tement était devenu, on le comprend aisément, son seul lieu de repos.

L'épouse, qui restait à domicile afin de s'occuper de leur jeune fils, ne se rendait pas compte de cette fatigue du mari. Avec l'instruction qu'elle avait, si elle était allée travailler, elle aurait eu tout juste assez d'argent pour payer les services de garderie et les billets de métro. En conséquence, il était plus rentable pour elle de demeurer chez elle, ce qu'elle fit.

Après quelques mois, elle se mit à reprocher à son mari de ne venir à la maison que pour dormir...ce qui d'après elle et d'après les lectures qu'elle faisait, n'était pas très normal pour son âge. "Tu ne me fais même plus l'amour, gémissait-elle, et c'est à peine si tu me regardes..." D'après l'éducation sexuelle qu'elle avait, son mari n'était pas normal ou, comme lui disaient ses amies, il..."allait ailleurs". N'ayant pas les moyens financiers de le faire suivre, elle se contenta de le soupçonner et de le harceler.

Et le client trouva que le harcèlement dont il était victime allait trop loin lorsque l'épouse, jalouse et hystérique, passait ses nuits assise sur le bord de son lit à le questionner, le tourmenter et l'accuser. Premièrement, de ne plus l'aimer ce à quoi le mari répondait: "Tu ne vois donc pas que je suis simplement "crevé"... Je ne sais pas ce que font dans la vie tous les mâles de tes livres dont tu me racontes les exploits, mais ils n'ont certainement pas mes dettes et mes heures de travail."

"Tout ce que je sais, répondait-elle, c'est qu'à ton âge, c'est tellement pas normal que "même ma mère" pense que tu as une maîtresse." Il quittait alors le lit en maugréant contre sa belle-mère et, prenant son oreiller, tentait d'aller dormir sur le divan, après lui avoir crié d'envoyer sa mère "au diable" et de le laisser dormir. Mais l'épouse le suivait alors dans le salon et recommençait ses harcèlements; jusqu'au jour où, n'en pouvant plus de ne pas dormir, il décida de se séparer.

Une femme d'expérience aurait sans doute mieux compris qu'un mari endetté et surmené ne puisse avoir la conversation bien longue, la nuit venue. Mais la jeune épouse avait ses rêves et ses espérances. La femme évaluera souvent son mariage en se basant sur des principes énoncés par des gens qu'elle croit compétents ou qu'elle considère plus qualifiés qu'elle.

Le malheur, c'est que les gens qui ont pour mission de séparer les gens ou de les raccommoder ont souvent pour habitude d'énoncer d'excellents principes sans leur apporter les nuances qui conviennent. Ainsi, le psychologue qui travaille toute la journée et une partie de la soirée est sûrement peu enclin à dialoguer avec son épouse en rentrant chez lui. Ce qui ne l'empêchera pas d'enseigner et de prétendre que le dialogue est primordial pour l'harmonie d'un couple. Pourquoi n'ajoute-t-il pas que, confronté aux mêmes problèmes que ses clients, il n'arrive pas à mettre lui-même ses propres théories en pratique?

L'épouse qui veut divorcer parce que son mari ne dialogue jamais oublie qu'il y a peu d'hommes, dans les mêmes conditions, qui auraient le goût de causer ou d'être gentil mari. L'épouse naïve conclura donc rapidement que son mari ne l'aime pas le jour où elle mettra la main sur une brochure intitulée: le dialogue indispensable dans la vie de couple. Il aurait été plus heureux pour son mari qu'elle tombe sur une brochure intitulée: comment se comprendre à travers le silence!

Chapitre 11
Les méprises

Et si on devenait...réaliste

Le cycle de l'amour semble ainsi fait qu'on dédaigne ce qu'on a, qu'on envie ce qu'on n'a pas pour finir par regretter ce qu'on n'a plus. Du moment qu'on a un motif de divorce, on se croit obligé de divorcer. Or, on peut tous avoir un motif de divorce du moment qu'on est marié. Il suffit simplement de chercher un peu.

Au premier conflit, on se prétend victime d'un mauvais mariage, on cherche l'appui d'un ami, on se laisse monter la tête et...on divorce.

Comment comprendre que l'épouse qui a toutes les raisons du monde de se séparer, tolère son mari tout comme le voisin tolère le "doberman" chéri de son épouse alors qu'une autre a fait ses valises lorsqu'elle a vu son fiancé en maillot de bain.

Qui sont tous ces couples à la recherche de "quelque chose d'autre"? Des naïfs qui croient que le bonheur est forcément ailleurs, du moment qu'il n'est pas chez soi... Qui sont les autres qui se tiennent encore la main, après vingt ans de vie commune... Des sages, diront les uns; des hypocrites, diront les autres.

Pour beaucoup de gens, si on a un motif de divorce, on doit nécessairement passer aux actes. On ne se gêne d'ailleurs pas pour critiquer la personne qui hésite ou qui n'ose pas: "Tu serais bien bête de tolérer cela plus longtemps...Tu as la plus belle cause de divorce...Moi, à ta place...ça ferait longtemps que..." L'individu se présente donc chez l'avocat, lequel se demande froidement si l'histoire qu'il entend rencontre les exigences de tel article de la loi du divorce. Le client serait quelquefois gêné de découvrir que l'avocat qui le divorce est encore plus mal marié que lui-même.

Tant d'histoires à écouter! Tant de couples mal assortis! Le mari de la femme "frigide" rêve de rencontrer la nymphomane qui le comblerait tandis que le mari de la nymphomane, épuisé, demande le divorce pour cruauté mentale et cherche à finir ses jours paisiblement...aux côtés d'une partenaire frigide.

L'avocat écoute l'histoire de tous ces "mal mariés" et se dit que la vie est assurément mal faite. Une heure plus tôt, il avait dans son bureau un homme qui ne pouvait plus endurer le manque d'hygiène de son épouse. Une heure plus tard, il a devant lui le vagabond à la recherche de la vagabonde. Et il pense: "Si seulement vous étiez venu plus tôt..."

Celui-là divorce parce que sa femme est une maniaque de la propreté: "Pensez-vous que c'est une vie d'enlever ses souliers en entrant..." Le client qui entre après lui demande le divorce parce que la maison est toujours sens dessus dessous et qu'il ne peut plus vivre dans un tel fouillis. Celui-là serait prêt à enlever ses souliers pour entrer dans une maison où on peut ouvrir une porte d'armoire sans risquer sa vie.

Et l'avocat se dit qu'il devrait s'ouvrir une agence matrimonile où il pourrait présenter la nymphomane au mari de l'épouse frigide et vice-versa. Au lieu de se borner à séparer les gens, l'avocat devrait faire des heureux en les présentant les uns aux autres. Il lui serait parfois tellement facile de mettre en contact l'âme soeur dans les bras de l'"âme frère". Peut-être après un certain temps, les partenaires découvriraient-ils qu'avec les années, ils ont pris des habitudes dont ils n'arrivent plus à se défaire. Ainsi, celui qui se croit victime d'une épouse trop ordonnée rêverait peut-être avec nostalgie de son ancien tyran quand, quelques mois plus tard, il verrait une tasse de café... traîner près de ses dossiers les plus importants.

Il suffirait pour quelque temps que l'un soit l'époux de l'autre pour qu'à la fin tout le monde se retrouve aussi malheureux. Celui-ci dira: "Elle me traînait toujours contre mon gré à la Place des arts, au Théâtre du Nouveau-Monde où je m'ennuyais à mourir quand je ne m'endormais pas en pleine représentation." Sa femme, quant à elle, se plaindra qu'il ne la sortait jamais, qu'il voulait toujours rester à la maison au lieu de voir des amis ou des spectacles.

Finalement, vous écoutez l'histoire de tous et chacun et vous en venez à la conclusion que Madame Dubois demande le divorce parce que son mari refusait de l'amener voir une pièce de théâtre qui s'avérait être un "navet" ou parce qu'il lui a épargné une soirée endormante chez les Ouellet. En restant à la maison, elle ne comprend pas qu'il lui évite d'aller s'ennuyer: "La pièce ne valait pas le déplacement et les amis qu'elle tient à fréquenter sont des envieux qui la rendent malade de compétition... Mais bien sûr que je refuse les invitations des Michaud. Je travaille dejà avec ce "frustré" de Michaud à longueur de journée; si elle m'impose Michaud pendant la fin de semaine, c'est moi qui demanderai le divorce pour cruauté mentale".

Finalement, lequel des deux conjoints est le plus humain ou le plus sadique: celui qui après une journée de bureau harassante refuse une soirée endormante au théâtre où il devrait à nouveau subir les complications du stationnement...le métro...la foule...puis un spectacle ennuyeux OU l'épouse qui insiste, dans ces circonstances, pour l'y amener. Quant à cet autre mari, il a la manie d'épouser des adolescentes dont il divorce ensuite, en prétendant qu'il ne peut plus supporter leurs enfantillages. Il s'est fait répondre qu'il invoquait alors sa propre turpitude, mais il a répondu d'invoquer n'importe quoi, pourvu qu'il divorce.

On a tous des travers plus ou moins prononcés, et ce qui fait le malheur de l'un ferait sans doute, pour un certain temps, le bonheur de l'autre. L'épouse de l'impuissant fréquente les boîtes de danseuses nues à la recherche de l'obsédé sexuel qui s'avère par la suite un simple voyeur, tout aussi décevant que son premier mari.

Les gens aiment leur déviation; mais pourquoi n'ont-ils pas épousé le déviant qui les complète? Le voyeur marié à la voyeuse attendent tous deux, dans la frustration, une exhibition qui n'aura jamais lieu.

On a tous face à la souffrance une tendance masochiste ou sadique. Mais, pourquoi tant de masochistes se marient-ils entre eux?... Le mari qui veut se faire dominer par sa femme est marié à une femme qui s'immole devant lui. Comme elle comblerait ce sadique rencontré la veille! Mais pourquoi diable a-t-elle épousé cet agneau?... Au pied de leur lit se trouve la lanière de cuir qui ne servira ni à l'un ni à l'autre...

Que de fois n'entend-on pas..."Sa pauvre petite femme si gentille ne mérite pas ça..." Et puis, comme s'il n'y avait rien à comprendre, on ajoute: "Sa maîtresse par exemple lui en fait voir...et il obéit." Ce mari, un brin "maso", frustré dans son besoin de souffrir, partira à la recherche de la maîtresse inaccessible, difficile à séduire et, par la suite, difficile à garder. Pour le perdre, elle n'aurait qu'une chose à faire: se jeter à ses pieds comme son ex-épouse.

Les femmes divorcent souvent parce qu'elles prennent le mariage pour un conte de fée et, sitôt que le mari ne ressemble plus au prince charmant, elles disent: "Il ne m'aime plus" ou...cherchent une rivale jusqu'au jour où le mari, excédé de se faire accuser à tort, se fait accuser à raison. On divorce souvent parce qu'on attend la perfection chez l'autre, sans nécessairement la donner en retour. À la moindre querelle, on plie bagage comme s'il n'était pas naturel de vivre des conflits dans une vie de couple.

En partant du principe que nul n'est parfait, y compris le conjoint le plus amoureux, bien des couples s'éviteraient des désillusions; mais il n'est plus à la mode de penser: "Quel couple n'a pas ses problèmes et dans mon cas, le divorce est-il la solution..." Quand on croit que la perfection existe, quoi de plus naturel que de la chercher?

Devant les impatiences d'un mari surmené par un surcroît de travail, la femme conclut que son mari ne l'aime plus comme autrefois et, pour lui montrer qu'elle a du caractère, part au bras de son meilleur ami...

Le "playboy", quant à lui, se trouve marié à la petite femme rangée qui aime bien ses casseroles et qui attend pour souper...à la chandelle...un mari qui ne rentre pas et qui est encore à son "happy hour" du jeudi.

La danseuse de discothèque, pour sa part, a épousé un homme qui dort déjà profondément à 9 heures le soir. Celui-là rentre tôt... mais le couvert n'est pas mis et les chandelles sont dans le tiroir.

Telle autre femme se plaint que son mari ne lui parle pas assez. Et qui croyait-elle donc épouser?Et puis il y a tous ceux, bien sûr, qui invoquent les fausses raisons ou qui cachent cette partie de la vérité qui pourrait les rendre coupables.

Monsieur se plaindra que sa femme refuse les relations sexuelles depuis six mois en oubliant de préciser qu'il ne s'est jamais lavé depuis le premier jour de son mariage et que sa brosse à dents, qu'il avait achetée pour son voyage de noces, a séché, jauni et n'a finalement jamais servi. Et l'avocat ne comprend pas comment madame n'a pas mis un terme aux relations sexuelles plus tôt.

Celui-ci trouve sa femme dépensière et cet autre se plaint que sa femme est avare. Il oublie simplement d'ajouter qu'il est en période de chômage, qu'il a une voiture à payer, un autre emprunt à la caisse populaire; et puis, il aime bien jouer aux cartes et lever le coude! L'avocat l'écoute et se demande ce qu'il deviendrait sans sa femme qui, de toute évidence, est le meilleur comptable qu'il aura jamais.

Ce mari-là se plaint d'être marié à la perfectionniste: "Vous savez, le genre..."frotteuse", mais il oublie de dire qu'à la moindre poussière, il éternue... Cet autre mari se plaint que "tout traîne toujours dans la maison", en oubliant de préciser que ce qui traîne dans la maison, ce sont ses effets personnels (son rasoir, ses chaussures, son manteau)...ou ceux des enfants qui suivent les traces du père!

Finalement, celui qui veut divorcer trouvera toujours quelque chose à reprocher à son conjoint et on est là à la recherche du mobile parfait comme s'il s'agissait d'une cause de meurtre. La véritable raison, c'est peut-être qu'on a perdu le désir. On n'aime plus. Et comme on n'est pas du genre à vivre sans passion, on recommence ailleurs et autrement, en espérant...

Mais le bonheur se trouve-t-il forcément ailleurs? On rêve de ce mari gentil qui n'est, au fond, qu'un beau parleur. On rêve de cet époux qui dialogue chaque soir en oubliant que sa femme s'est dernièrement cassé deux côtes parce que son entrée de garage n'est jamais entretenue...il dialogue!

On rêve de cet autre qui pense à faire de jolis cadeaux à son épouse. Il se rappelle chaque anniversaire; les détails sont à ce point importants dans sa vie qu'il en oublie parfois l'essentiel: il vient de déclarer faillite...il avait oublié ses créanciers!

La femme admire souvent ce qu'elle ne connaît pas et se sépare souvent parce qu'elle est victime de cette publicité qui l'amène à croire qu'elle ne devrait pas tolérer une situation qui lui donne le droit de se séparer. Son mariage n'est finalement ni mieux ni pire que celui de tout le monde et elle serait parfois fort surprise d'aller faire une visite au domicile de cet avocat qui lui conseille le divorce, elle constaterait qu'on y vit à certaines heures des conflits et des discussions comme partout ailleurs.

Hypocrites...mais responsables

Nombre de femmes vivent maintenant sous le seuil de la pauvreté, à cause d'un mari déserteur. Loin d'être une situation temporaire, les prestations du bien-être social sont en train de devenir un mode de vie. Commettre des erreurs...demeurer marié malgré le motif de divorce qu'on pourrait alléguer, est-ce aussi lâche et hypocrite qu'on le dit?

On a tendance à croire que les gens mariés le demeurent par lâcheté ou par devoir. On suppose qu'ils ont une morale rigide et des principes sévères. L'homme divorcé a souvent une morale tout aussi sévère, mais il ne s'en rend pas compte. Pas une journée ne se passe sans qu'il regarde vivre ceux qui sont encore mariés, se scandalisant de voir qu'ils ne soient pas encore divorcés ou séparés... "en menant une vie pareille".

Celui qui ne divorce pas malgré les ombrages est souvent celui qui acceptera dans son premier mariage des choses que d'autres commencent à accepter dans leur deuxième mariage. À ceux-là, il aura fallu deux mariages pour comprendre que la vie est faite de compromis.

Les conjoints parlent maintenant de leur "désertion" en termes de courage lorsqu'ils choisissent d'abandonner leurs enfants, pour vivre leurs nouvelles amours sans contrainte. Et ils parleront de lâcheté ou d'hypocrisie pour désigner celui qui reste marié tout en s'offrant occasionnellement des aventures. Cette attitude offense alors leur morale: "Il devrait avoir le courage de se séparer..."

Celui-là accepte qu'on dise de lui qu'il est un hypocrite, mais il aimerait bien qu'on ajoute qu'il est un hypocrite responsable, tout aussi responsable et tout aussi courageux que ceux qui s'aiment ou qui démissionnent aux frais de la société.

Divorcer afin de vivre ses nouvelles amours au grand jour en confiant ses enfants "à qui en voudra", y compris à la mère dépressive ou alcoolique, quand ce n'est pas à une inconnue, sous le valeureux prétexte qu'on n'est pas un hypocrite...nous amène à conclure que l'hypocrisie, quant à elle, se porte parfois mieux.

La femme quitte maintenant son conjoint et ses enfants en disant simplement que son mariage ne la valorisait pas. Comme elle avait l'impression de n'être *rien*, elle est partie comme cela un beau matin, à la découverte de son identité. C'est devenu une mode de "se chercher" en laissant tout tomber autour de soi, afin de mieux se concentrer sur sa personne. Cela s'appelle "partir à la recherche de son identité".

Beaucoup de femmes narcissiques en ont profité pour quitter le conjoint et les enfants en disant qu'elles devaient d'abord se chercher et se comprendre, avant d'assumer les responsabilités d'une famille. Mais très souvent, au lieu de profiter de son départ et de sa solitude pour faire le point et réellement "se chercher", la femme s'empressera de s'installer avec un homme qui fera d'elle le centre de son univers. Elle sera sa passion. La recherche de son identité n'aura pas été très longue. Elle aura cherché un homme qui fera d'elle, l'histoire de sa vie.

Cet homme a de la valeur: il a compris qu'elle méritait l'adulation. Elle dira qu'il la comprend mieux que son ancien mari et confiera alors à ses proches: "Il prend le temps de s'intéresser à moi, à ce que je fais..." Si par malheur, cet homme si merveilleux espérait d'elle des enfants ou qu'avec le temps, sa passion diminuait, ce serait à nouveau le désastre. Elle repartirait très probablement à sa propre recherche, une seconde fois.

Dans toute relation où on se détachera d'elle pour lui demander de s'intéresser aux autres, elle sera malheureuse sans en comprendre la raison mais en blâmant l'autre. L'épouse prétextera donc parfois la recherche de son identité pour se débarrasser de ceux qui l'empêchent de se regarder et de s'admirer. Elle quittera alors son mari en disant que les enfants ont bouleversé sa vie. Rien n'est plus vrai. Elle n'est plus le centre d'intérêt de cette maison.

Au lieu de prendre conscience de ce problème, au lieu d'accepter cette vérité, elle préférera partir en accusant le mari de ne pas l'avoir comprise. Elle se dira épuisée de cette exploitation et incapable de continuer une relation où on attend toujours quelque chose d'elle. Il est vrai qu'elle est épuisée. Elle ne ment pas. Mais ce qu'elle ignore, c'est que dans toute relation où il lui faudra donner, elle se retrouvera toujours aussi épuisée.

Dès qu'elle donne, elle se sent frustrée et exploitée. L'enfant est de trop, même lorsqu'il dort. Il l'embête, même lorsqu'il est gentil et lui sourit. Parce que dans une heure, il lui prendra quelque chose d'elle. Il demandera quelque chose. Tout ce qu'elle retient de son enfant, c'est qu'il la place dans la situation de celle qui donne. Pourquoi refuse-t-elle de prendre conscience de ce problème?... Ce n'est pas être narcissique, égoïste ou égocentrique qui est malheureux, c'est de ne pas le savoir parce qu'on accuse alors les autres de torts qu'ils n'ont pas; on leur fait porter un fardeau qu'ils ne méritent pas.

La femme a bien le droit de décider que sa vie consistera à se regarder et à s'adorer. Mais, ne sachant pas qu'elle est ainsi ou refusant d'en prendre conscience, elle se prépare à de nouvelles frustrations, à de nouveaux échecs. Savoir qu'on est incapable de donner empêcherait de faire des enfants pour, ensuite, les refiler aux autres. Savoir qu'on est incapable de recevoir l'amour empêcherait de laisser s'infiltrer dans sa vie des gens qu'on rejettera dès qu'ils seront amoureux.

Ne plus avoir peur de découvrir qui on est... Ne plus se complaire dans l'image de la victime... Pourquoi les gens recherchent-ils autant la compagnie de ceux qui leur diront qu'ils sont exploités? Pourquoi cherchent-ils un conseiller ou un expert? Pour se découvrir vraiment ou dans l'espoir de se faire confirmer qu'ils ont bien agi ou qu'ils ont été exploités dans leur vie... Ils tricheront dans l'explication de leur problème. Et ils changeront de psychologue jusqu'à ce qu'il s'en trouve un qui les comprenne, c'est-à-dire un qui les encouragera à se croire incompris et victimes d'oppression. On aimera celui qui nous dira qu'on fait pitié, on recherchera celui qui nous endormira. Celui-là sera le meilleur: "Il comprend tout... il me donne raison."

Très souvent, la femme ne se donnera pas cette peine de consulter bien longtemps, préférant rechercher la personne qui a la béquille complémentaire, se disant: "Avec celui-là, je m'entends beaucoup mieux."

Pourquoi cette peur de découvrir sa propre fragilité, non pas pour se détruire mais pour connaître ses limites et éviter les désastres à répétition. On s'éviterait alors les "pourquoi est-ce que ça ne marche jamais? Qu'est-ce que je fais ou que je ne fais pas pour que tout ce que j'entreprends s'écroule toujours ?"

Parce que le rôle de la femme est ingrat, il devient tentant pour elle de s'accrocher à cette vérité qui lui fait plaisir, qui fait d'elle une victime, plutôt que d'affronter cette autre vérité un peu moins réconfortante: il lui est impossible d'oublier son "ego", d'aller vers les autres pour les aimer. Après avoir éparpillé les enfants, l'épouse dira qu'elle s'est enfin trouvée ou réalisée quelque part. Tant qu'elle travaillera et qu'elle n'aura pas le temps de se voir et de s'affronter, elle se croira heureuse. Il lui aura fallu abandonner ses enfants pour se trouver une vocation. Était-il nécessaire d'aller si loin pour se réaliser...dans une carrière, par ailleurs, très banale?

* * *

L'épouse se plaindra qu'à la maison, elle avait l'impression d'être inutile. Personne (c'est-à-dire le mari) ne la complimentait jamais sur ce qu'elle faisait. Cette épouse ira travailler ou se faire aimer ailleurs afin de trouver la gratification qu'elle recherche. Et elle avouera: "À mon travail, on est content de moi; j'ai enfin l'impression d'être quelqu'un." Elle élude le problème et se fait croire qu'elle l'a réglé.

Mieux, on prétend qu'elle est guérie. Elle dépend de l'appréciation des autres pour être heureuse; au lieu de repousser cette dépendance, elle s'est cherché un autre maître. Que deviendra son bonheur lorsque le nouveau palliatif disparaîtra?

La femme qui a constamment besoin d'être louangée, pour se sentir valorisée et appréciée, n'a aucune confiance en elle et démontre qu'elle a besoin de l'approbation des autres pour fonctionner. Dès lors, ce ne sont pas nécessairement ceux qui vivent autour d'elle qui doivent changer mais *elle* qui doit viser à trouver satisfaction en elle-même. Pourquoi ne s'emploie-t-elle pas à se défaire de ce besoin de "compliments" et d'approbation des autres au lieu de chercher la gratification ailleurs, dans tout ce qu'elle fait? Pourquoi ne vise-t-elle pas l'indépendance au lieu de rechercher quelqu'un qui encouragera, flattera et profitera de sa dépendance?

Attendre des autres une gratification, un compliment pour être heureux, n'est-ce pas vouloir à tout prix rendre son bonheur extrêmement fragile? Pourquoi ne chercherait-on pas en soi des raisons d'être fier de sa personne ou satisfait de ses réalisations, au lieu de s'imposer une dépendance qui vient de l'extérieur? D'où vient donc chez la femme ce désir obsédant de plaire et cette recherche constante d'appréciation qui la pousse à "toujours faire davantage et mieux", pour que son mari finisse par la voir et l'apprécier? Comme s'il ne suffisait pas qu'elle soit là pour qu'on l'aime, il faut qu'elle s'épuise à démontrer qu'elle mérite cet amour.

N'y a-t-il pas derrière tout ce déploiement amoureux un grand manque de confiance en soi et la recherche d'une valorisation purement verbale? Si le mari ne réagit pas, s'il ne manifeste pas extérieurement sa satisfaction, s'il ne l'encourage pas à continuer, elle ira souvent à la limite de ses forces physiques et mentales pour devenir à ses yeux "irremplaçable" ou se mériter le compliment...amoureux! Lorsqu'au bout de toute cette démonstration, elle n'obtient toujours pas davantage l'appréciation qu'elle attendait, il n'est pas rare de la voir finalement sombrer dans la dépression face à son échec.

Pour se venger de ne pas avoir reçu la reconnaissance ou la considération qu'elle estimait mériter, elle partira en laissant tout son monde derrière elle: "Après mon départ, on se blâmera." Et le mari regrette alors de ne pas avoir eu plus "d'attentions" pour son épouse... Quand seul le compliment de l'homme qu'elle aime lui donne des ailes, comment la femme ne comprend-elle pas qu'elle devient extrêmement vulnérable? Il devient si facile d'abuser d'une femme en quête de compliments: "Tu comprends toujours tout...tu pardonnes toujours tout." Et pourquoi changerait-il alors?

Pourquoi une femme ne cherche-t-elle pas sa sécurité en elle au lieu de la chercher chez les autres et de l'attendre des autres. Comment une femme peut-elle laisser ainsi mener sa vie par les autres? Comment ne sait-elle pas ces choses-là par elle-même et comment ne sait-elle pas encore, "que tout flatteur vit aux dépens de celui qui l'écoute"?

Rares sont les hommes qui font des dépressions nerveuses parce que leur femme ne leur dit jamais qu'ils sont beaux ou qu'ils travaillent bien. Il ne se rendent pas malades parce qu'ils n'ont pas l'éloge de leur femme. Et lorsqu'ils "tombent en amour", ils sont très heureux d'avoir le prétexte tout fin prêt: leur femme ne les appréciait pas...

* * *

Les sacrifiés

Quand on découvre dès le début d'une liaison ou du mariage qu'on n'a pas la relation idéale avec son partenaire, pourquoi s'obstiner à continuer, et pire, commettre l'erreur d'y ajouter les enfants? Pourquoi faire en sorte de rendre plus difficile la décision de la séparation? Pourquoi s'entêter à resserrer des liens qui risquent de ne jamais nous convenir en misant sur le temps ou les enfants...?

On préfère rester là, s'accrocher, attendre en espérant un dénouement avantageux pour soi et c'est ainsi que pour ne pas vivre un chagrin d'amour tout de suite, on vivra un abandon plus cruel ou une dépression nerveuse dans quelques années. La solitude de l'abandon qu'on n'a pas voulu accepter n'a été que reportée à plus tard. On fait semblant que les différences de notre conjoint ne nous dérangent pas, non pas parce qu'on l'aime, mais parce qu'on n'est pas encore prêt à le perdre. On attend, pour se résigner à le laisser partir, de ne plus l'aimer; on attend que son départ ne fasse plus mal.

L'autre par pitié, reste. C'est lui qui, dans quelques années, se fera traiter d'exploiteur..."celui qui a toujours eu tous les droits, dans ce mariage". "Il était temps que je me réveille", dira souvent l'épouse. Il est resté là pour ne pas faire de peine, s'est empêché de refaire sa vie quand cela était si simple et c'est lui qu'on traite d'égoïste. Il ne comprend pas.

*   *   *

Il y a presque toujours dans le couple un tolérant, celui qui ne dit rien, celui qui accepte en silence sa relation malheureuse. Dans quelque temps, il pliera bagage en disant que pendant toutes ces années, il s'est sacrifié et que "l'autre" a vécu. Autant il aura demandé à l'autre de rester là sans amour, autant lui partira, le jour où il n'aimera plus ou qu'il en aura assez. Il ne partira pas parce qu'on abuse de lui, mais parce qu'il sera enfin capable de partir: "Je peux maintenant me passer de toi..."

Le "sacrifié" est amoureux, "l'autre" ne l'est pas. ça se voit. Au lieu de renoncer à son amour, le sacrifié dira: "On n'est pas si malheureux que ça", ou: "Est-ce que je te rends si malheureux que ça..." Qui oserait dire franchement "oui", surtout lorsqu'on sait que la question suivante sera: "Qu'est-ce que tu me reproches?"

Lorsque la tendresse et le renoncement échoueront, le sacrifié se fera psychologue: "Qu'est-ce que tu cherches au juste dans tes nouvelles amours...le sais-tu toi-même..." laissant entendre par là: "Depuis le temps que tu t'illusionnes et que tu "tombes en amour"...tu devrais savoir que tu es un instable."

Mais cet "autre" est-il l'instable qu'on l'accuse d'être ou est-ce qu'on est celui ou celle qui en a fait un instable à force de l'obliger par toutes sortes de ruses à rester. Si on ne laisse jamais à quelqu'un la chance de vivre ses amours jusqu'au bout, peut-on le traiter d'instable? Comment peut-on savoir que ses amours n'auraient mené nulle part, puisqu'elles ont été interrompues...

Parce qu'on n'a pas voulu perdre sa place dans sa vie, on lui a demandé de briser sa relation amoureuse. L'insatisfait s'est plié à ces exigences. Après quelque temps, il a recommencé à aimer ailleurs...et il est à nouveau revenu parce qu'on a su aller le chercher et l'implorer.

L'infidèle acceptera souvent les injures de son partenaire comme un châtiment qu'il mérite et n'osera se plaindre: "C'est à cause de moi qu'elle est comme ça." Et le cercle vicieux recommence, car plus la vie est insupportable, plus il a besoin de s'évader, de respirer et chercher une tendresse, une émotion qui vient d'ailleurs. Sachant cela, le conjoint fidèle devient davantage jaloux et renforce son despotisme: "Tu ne guériras jamais...d'une fois à l'autre, tu recommences toujours... Comment veux-tu que je te fasse confiance ou que je devienne gentille avec toi?" Et à nouveau les bouderies, les silences rageurs, les répliques orageuses, les vengeances...

Quand on tolère des choses "intolérables" pendant des années, est-ce qu'on devrait dire, quand on se réveille enfin, qu'on a été exploité ou avoir le courage de s'en prendre à soi, à ses propres faiblesses et avouer qu'on n'a pas osé revendiquer des privilèges, parce qu'on avait peur des conséquences de ses revendications.

Ce n'est pas toujours par grandeur d'âme que le "bonasse" est tolérant mais parce qu'il a souvent fait le choix égoïste de garder son conjoint. Étant assez intelligent pour avoir compris qu'il perdrait la guerre s'il la déclarait, il s'est abstenu. Mais qu'avait-il à tolérer! Le conjoint répond presque toujours instantanément' "Mais je t'aimais, alors." Et si l'autre lui rétorquait: "Maintenant que tu ne m'aimes plus, reste ici près de moi et sois-moi fidèle. Tu verras comme c'est gai. C'est ce que j'ai fait pendant des années." Mais non... le conjoint "bonasse" est ainsi fait qu'il s'en va, lui, lorsqu'il se sent contraint. Lorsque c'est lui qui réprime les autres, il leur reproche d'être malheureux et de vouloir s'en sortir. Lorsqu'il ne veut plus d'une relation, il s'en va en laissant tout le monde dans la dèche, les enfants y compris. Personne ne comprend: cette attitude ne lui ressemble pas. Il a passé sa vie au service de "l'autre".

Quand le faible sent ses amours fragiles, peut-il se permettre de déplaire... Il fait tout pour l'autre. Parce que s'il osait se laisser aller à être lui-même, à vivre, à respirer...l'autre s'en irait peut-être.

* * *

Chapitre 12
Et finalement...

Pourquoi un homme trompe-t-il sa femme?

Les temps ont beau changer, on n'a pas encore compris qu'on ne peut pas mesurer l'amour de quelqu'un en fonction de sa seule fidélité. Il y en a pour qui la fidélité semble si facile... Comment expliquer que certaines personnes passent une vie complète auprès d'un conjoint "ennuyant" sans même s'ennuyer et sans même avoir de temps à autre le "regard ailleurs", alors que d'autres tombent en amour...à chaque printemps.

Tel homme trompera sa femme parce que, d'après l'éducation qu'il a reçue, "c'est comme ça un homme"; et il ajoutera, pour faire valoir sa virilité: "En connais-tu des hommes fidèles? Si tu en connais, ce sont des menteurs!"

Celui-ci, étant "au beau fixe" dans sa vie professionnelle, voudra se valoriser auprès des copains ou des collègues de bureau. Il faut bien qu'il réussisse quelque part. Il faut bien qu'on lui "envie" quelque chose. Il fera le fier et pour se donner de l'importance, il demandera au copain de lui rendre service: "Dis à ma femme que j'étais avec toi, hier."

La vie professionnelle de celui-là est à son meilleur. Ses maîtresses font partie du décor habituel de l'homme qui a réussi. Il doit donc être vu aux quatre coins de la ville avec des "conquêtes" différentes. Elles prouvent à tous qu'il est prospère et que "les affaires vont bien". En période de malheur, il serait un homme fidèle.

Il y a parfois des raisons plus profondes à l'infidélité. Pour celui qui fuit son homosexualité, il deviendra plus rassurant de se décrire comme un polygame heureux. Les nombreuses femmes de sa vie prouvent à tous qu'il n'est surtout pas un homosexuel. Il est un homme "à femmes".

Les hommes infidèles ont en général besoin de la parade. N'avoir qu'une seule femme prouve qu'on a une sexualité peu exigeante. Avoir plusieurs femmes en même temps démontre une virilité bien portante. L'impuissant, quant à lui, a peur que ses "victimes" parlent. Ayant échoué dans ses performances, il s'empressera de quitter cette femme et de la tromper aux yeux de la foule. Il détourne ainsi l'attention de tous: quoi qu'elle dise, on pensera que c'est pour se venger. C'est lui, l'impuissant, mais aux yeux de tous, c'est elle la rejetée, c'est elle qui portera l'humiliation de l'échec. Autour d'elle, on pensera qu'elle n'a pas été à la hauteur de cet homme très viril.

D'autres enfin tromperont leur femme pour leur "donner une leçon". C'est bon qu'elle sache qu'après elle, ce n'est pas la fin du monde. Espérant qu'à l'avenir, celle-ci fasse plus attention à leur personne.

D'autres seront infidèles pour faire comme tout le monde ou pour sortir de la routine alors que d'autres voudront simplement rendre leur femme jalouse. Autant certains se plaignent d'un conjoint jaloux, autant d'autres feraient tout pour être victime, une fois dans leur vie, d'une crise de jalousie qui serait, selon leurs critères, une vraie preuve d'amour. Provoquer la jalousie est à ce point important pour eux qu'ils iront jusqu'à l'imaginer et à faire croire au conjoint qu'ils ont commis l'adultère, bien qu'il n'en soit rien...rien que pour voir souffrir l'autre. Ce sera leur façon de mesurer si "l'autre" tient à eux ou pas.

C'est donc souvent à tort que la femme se culpabilise d'avoir perdu son époux ou qu'elle se tourmente à en connaître la véritable raison. Certains maris seraient tellement plus honnêtes s'ils avouaient simplement à leur épouse qu'ils ont été infidèles, pour voir autre chose. Ils seront infidèles par égoïsme ou par paresse. Ils ont des besoins sexuels qu'ils préfèrent satisfaire avec une femme que l'on paie plutôt qu'avec une femme qui a ses exigences et ses problèmes. Celui-là cherche les solutions faciles et rapides dans ses rapports amoureux alors qu'un autre appréciera prendre son temps pour vivre l'extase "à deux". Certains hommes sont fidèles à une femme frigide alors que d'autres trompent une femme avec laquelle tout va magnifiquement bien. Y a-t-il finalement quelque chose à comprendre dans l'infidélité...

Le *Rapport Hite* démontre que 72 pour 100 des 7000 hommes interrogés sur la question avouent avoir eu des relations extra-conjugales après seulement deux ans de mariage. Qu'en arrive à penser l'homme marié heureux et fidèle après cinq ans de mariage, sinon qu'il n'est sûrement pas normal et que voulez-vous qu'il désire...sinon être normal? Qu'il le veuille ou non, les chiffres l'impressionnent. Il ne peut s'empêcher de penser: "Je fais partie des imbéciles qui n'ont pas compris...est-ce que je manque quelque chose...?"

Il ne s'arrêtera pas à penser: que sont 72 pour 100 de 7000 hommes dans l'univers! Il ne voit qu'une chose: il fait partie des gens isolés. Cet homme qui tromperait sa femme lorsqu'il en aurait la chance, serait-il quelqu'un qui n'aime pas sa femme ou un malheureux que les statistiques ont effrayé? Que prouverait vraiment son infidélité...

* * *

L'histoire d'un homme fidèle

"J'ai beaucoup vécu avant de me marier, pour finalement comprendre que la plupart des femmes étaient frigides ou à tout le moins, lentes à émouvoir. J'ai enfin "la" femme qui me convient, c'est-à-dire un esprit qui me plaît, un corps merveilleux et une entente sexuelle parfaite. Je m'estime heureux et je ne pourrais plus, aujourd'hui, me satisfaire d'une femme frigide ou d'une femme qui "m'en ferait accroire" en ce domaine. À la fin des rapports sexuels, il me manquerait quelque chose. La "nouveauté" dans la frigidité, c'est souvent ce qui attend l'homme qui s'éparpille. Je suis devenu trop exigeant maintenant sur la question. Cela me frustrerait de faire l'amour à une femme qui ne répond pas.

Dans ma vie professionnelle, on me fait des avances chaque jour. Pas parce que je suis un homme exceptionnellement séduisant mais parce que les femmes aiment bien être la maîtresse d'un homme hautement considéré dans sa profession; et je le suis.

Je ne veux pas faire de chagrin aux femmes qui me font des propositions et je les repousse gentiment avec humour. C'est délicat, puisque je travaille avec elles. Je leur dis que je ne veux pas les rendre jalouses entre elles. Elles en ont conclu que je suis un homme de devoir alors que je suis un homme réaliste...et heureux.

Pourquoi risquerais-je de perdre la femme que j'aime, pourquoi me donnerais-je le mal d'aller me cacher dans un hôtel éloigné pour caresser une femme...qui est peut-être compliquée ou frigide...quand j'ai déjà dans ma vie la femme qu'on pourrait m'envier sexuellement.

Qu'est-ce qu'une autre femme pourrait tant avoir à m'offrir à part des complications et une relation sexuelle probablement insatisfaisante puisque je ne la connais pas? Et à supposer que cette femme ne soit pas frigide, qu'est-ce qu'elle m'apportera que je n'ai déjà...

On dit qu'il n'existe pas de femmes frigides mais des hommes maladroits. Peut-être...mais je préfère laisser ce travail-là à d'autres, tant que ma femme restera, pour moi, cette maîtresse "aguichante" à qui j'ai un jour tout appris sur l'amour...et qui, aujourd'hui, m'en apprend!"

* * *

L'homme fidèle ne sentant pas le besoin de justifier sa fidélité se contentera de refuser poliment les femmes qui rôdent autour de lui, sans s'expliquer. Pourquoi ne dirait-il pas qu'il est heureux... Il prétend qu'il n'a pas à raconter sa vie et il a l'impression que, de toute façon, on ne le croirait pas.

Il se dit que, quoi qu'il fasse, quoi qu'il dise, on pensera qu'il mène une vie triste. On le plaindra. On croit qu'il s'impose une femme. Parce qu'en général, l'homme qui "refuse" fait "sérieux", on en arrive à croire que l'homme fidèle n'a pas de plaisir.

Les hommes fidèles existent, mais ils se croient les seuls...et se sentent seuls. Ils n'osent pas parler de leur fidélité, encore moins de leur bonheur, ils seraient ridicules. Alors, ils se taisent quand ils n'inventent pas...des aventures qu'ils n'ont jamais vécues, pour être du côté des hommes "normaux".

* * *

Pourquoi celui-ci trompe-t-il sa femme, pourquoi celui-là quitte-t-il la sienne? Tant de raisons qui n'ont souvent rien à voir avec l'amour... L'homme trouvera souvent plus facile de changer de partenaire plutôt que de corriger les malaises ou les complexes dont il souffre lui-même. Dans ce dernier cas, les complexes seront la cause même de sa rupture.

C'est le cas entre autres du mythomane. Celui-ci "ment comme il respire" avec un talent et un art que nul ne peut soupçonner.

Le jour où sa femme découvre que ce héros de guerre n'a fait la guerre que dans la ruelle de son quartier et qu'il a tout simplement emprunté ses médailles de bravoure à un oncle trépassé...le jour où elle découvre que l'héritage du grand-père n'a jamais existé, que ce dernier est non seulement en excellente santé mais que s'il mourait, il ne laisserait que des dettes...le jour où elle découvre que ce trophée gagné lors d'un concours de danse est un cadeau de sa soeur qui l'avait gagné et qui n'en voulait pas...ce jour-là, l'épouse atterrée se demande: pourquoi? Pourquoi avoir inventé tout cela?...Elle réalise que tout son univers est faux et qu'elle a aimé un homme qui n'est rien de tout ce qu'il a prétendu être. Après lui avoir crié sur le ton qui lui convient qu'il est un imposteur, elle lui conseille de se faire soigner.

Que fera alors notre mythomane? Il choisira la solution la plus facile: il ira tout simplement en berner une autre... Et il sera amoureux de cette autre personne aussi longtemps qu'elle sera éblouie et captivée par ses exploits imaginaires. Le jour où elle découvrira qui il est, il partira à la recherche d'un autre grand amour!

Il en est ainsi de la personne qui cherche sa propre valorisation à travers les partenaires de sa vie affective. La réceptionniste est souvent amoureuse de son patron bien que le patron, aux yeux des autres collègues, soit un homme des plus ordinaire. Pour elle, il est un homme de grande valeur et cela lui donne un certain prestige d'être adulée par quelqu'un d'important. Le jour où, recyclée, elle devient à son tour une personne importante au point qu'elle peut maintenant traiter "d'égale à égal" avec lui, elle le verra enfin comme il est...un homme banal parmi tant d'autres, et n'arrivera plus à comprendre ce qui pouvait tant l'attirer et l'émouvoir en lui.

Quant à lui, la rupture arrive à point. Cherchant l'adulation dans ses amours plutôt que l'amour lui-même, il ne peut être heureux dans une alliance "d'égale à égal". Il se retrouvera donc à nouveau attiré par la dernière assistante du bureau, celle qu'il peut impressionner sans grand effort, tout en continuant d'être à loisir, un homme bien ordinaire.

Le jour où la femme acquiert un prestige par elle-même, ell n'a que faire du partenaire qu'elle avait choisi dans le but de se revaloriser. Si elle n'est pas tout à fait guérie de sa manie de choisir ses partenaires pour le prestige qu'ils lui apportent, elle visera toujours de plus en plus haut dès qu'elle atteindra un nouveau sommet. C'est ainsi que la secrétaire étudiante en droit pourrait aimer son patron avocat. Devenue avocate, il ne pourrait plus l'impressionner s'il n'est pas "le meilleur...le plus grand". Pour l'émouvoir maintenant qu'elle aurait acquis elle-même un certain prestige, il faudrait qu'il soit nommé juge. Et si jamais elle devenait elle-même juge de la Cour supérieure, il lui faudrait alors séduire un juge de la Cour suprême... à moins qu'elle n'attrape la maladie de son premier patron et que, voulant à son tour être adulée plutôt qu'impressionnée, elle ne devienne... la maîtresse de son dernier stagiaire.

* * *

Conclusion

Il n'y a pas qu'une seule façon de vivre pas plus qu'il n'y a qu'une seule façon d'aimer. Et je n'ignore pas qu'il doit sûrement y avoir, en ce monde, des histoires d'amour qui valent bien l'effort et le combat.

Est-ce parce qu'on est capable d'analyser une passion avec réalisme et parfois même avec humour que cela empêche d'aimer ou de commettre des erreurs pour autant?... Est-ce qu'on peut cesser d'aimer simplement parce qu'il vaudrait mieux que les choses se passent ainsi... parce que la raison l'a décidé?

Mais cela ne me ressemblait pas de découvrir chaque jour l'illusion, la naïveté et de ne pas le dire. Cela ne me ressemblait pas non plus de voir des gens se méprendre sur eux-mêmes et les encourager à continuer. Pour moi, c'était cela la véritable duperie. Ce n'était pas la fin d'un amour ou le fait de cacher un adultère mais celui de se raconter des histoires sur soi et de les croire. Pire, de se faire aimer à cause de ces histoires.

Et c'est peut-être à cause de tout cela que j'ai découvert qu'à travers ces vérités qu'on prétendait ou espérait se dire, qu'à travers ce grand amour qu'on croyait vivre, il n'y avait que trop souvent l'histoire d'une méprise. Sur soi. Sur les autres. Il m'apparaissait que la vérité c'était d'abord à soi qu'on la devait, avant de l'attendre ou de l'exiger des autres.

Et c'est peut-être pour cela aussi que j'en suis venue à me dire qu'il y a quelque chose de pire que de mentir à l'"autre", c'est de ne pas se connaître assez...pour savoir que l'on ment.

Table des matières

Lithographié au Canada
sur les presses de
Métropole Litho Inc.

Ouvrages parus chez

le jour, éditeur

COLLECTION BEST-SELLERS

* **Comment aimer vivre seul,** Lynn Shahan
* **Comment faire l'amour à une femme,** Michael Morgenstern
* **Comment faire l'amour à un homme,** Alexandra Penney

* **Grand livre des horoscopes chinois, Le,** Theodora Lau
Maîtriser la douleur, Meg Bogin
Personne n'est parfait, Dr H. Weisinger, N.M. Lobsenz

COLLECTION ACTUALISATION

* **Agressivité créatrice, L',** Dr G.R. Bach, Dr H. Goldberg
* **Aider les jeunes à choisir,** Dr S.B. Simon, S. Wendkos Olds
Au centre de soi, Dr Eugene T. Gendlin
Clefs de la confiance, Les, Dr Jack Gibb
* **Enseignants efficaces,** Dr Thomas Gordon
États d'esprit, Dr William Glasser

* **Être homme,** Dr Herb Goldberg
* **Jouer le tout pour le tout,** Carl Frederick
* **Mangez ce qui vous chante,** Dr L. Pearson, Dr L. Dangott, K. Saekel
* **Parents efficaces,** Dr Thomas Gordon
* **Partenaires,** Dr G.R. Bach, R.M. Deutsch
Secrets de la communication, Les, R. Bandler, J. Grinder

COLLECTION VIVRE

* **Auto-hypnose, L',** Leslie M. LeCron
Chemin infaillible du succès, Le, W. Clement Stone
* **Comment dominer et influencer les autres,** H.W. Gabriel
Contrôle de soi par la relaxation, Le, Claude Marcotte
Découvrez l'inconscient par la parapsychologie, Milan Ryzl
Espaces intérieurs, Les, Dr Howard Eisenberg

Être efficace, Marc Hanot
Fabriquer sa chance, Bernard Gittelson
Harmonie, une poursuite du succès, L', Raymond Vincent
* **Miracle de votre esprit, Le,** Dr Joseph Murphy
* **Négocier, entre vaincre et convaincre,** Dr Tessa Albert Warschaw

COLLECTION VIVRE SON CORPS

COLLECTION IDÉELLES

HORS-COLLECTION

Autres ouvrages parus aux Éditions du Jour

ALIMENTATION ET SANTÉ

ART CULINAIRE

DOCUMENTS ET BIOGRAPHIES

ENFANCE ET MATERNITÉ

Enfants du divorce se racontent, Les,
Bonnie Robson

Famille moderne et son avenir, La,
Lynn Richards

ENTREPRISE ET CORPORATISME

Administration et la prise, L', P. Filiatrault, Y.G. Perreault

Administration, développement,
M. Laflamme, A. Roy

Assemblées délibérantes, Claude Béland

Assoiffés du crédit, Les, Fédération des A.C.E.F. du Québec

Coopératives d'habitation, Les, Murielle Leduc

Mouvement coopératif québécois,
Gaston Deschênes

Stratégie et organisation, J.G. Desforges, C. Vianney

Vers un monde coopératif, Georges Davidovic

GUIDES PRATIQUES

550 métiers et professions, Françoise Charneux Helmy

Astrologie et vous, L', André-Pierre Boucher

Backgammon, Denis Lesage

Bridge, notions de base, Denis Lesage

Choisir sa carrière, Françoise Charneux Helmy

Croyances et pratiques populaires,
Pierre Desruisseaux

Décoration, La, D. Carrier, N. Houle

Des mots et des phrases, T. I, Gérard Dagenais

Des mots et des phrases, T. II,
Gérard Dagenais

Diagrammes de courtepointes, Lucille Faucher

Dis papa, c'est encore loin?, Francis Corpatnauy

Douze cents nouveaux trucs, Jeanne Grisé-Allard

Encore des trucs, Jeanne Grisé-Allard

Graphologie, La, Anne-Marie Cobbaert

Greffe des cheveux vivants, La,
Dr Guy, Dr B. Blanchard

Guide de l'aventure, N. et D. Bertolino

Guide du chat et de son maître, Dr L. Laliberté-Robert, Dr J.P. Robert

Guide du chien et de son maître, Dr L. Laliberté-Robert, Dr J.P. Robert

Macramé-patrons, Paulette Hervieux

Mille trucs, madame, Jeanne Grisé-Allard

Monsieur Bricole, André Daveluy

Petite encyclopédie du bricoleur, André Daveluy

Parapsychologie, La, Dr Milan Ryzl

Poissons de nos eaux, Les, Claude Melançon

Psychologie de l'adolescent, La, Françoise Cholette-Pérusse

Psychologie du suicide chez l'adolescent, La, Brenda Rapkin

Qui êtes-vous? L'astrologie répond, Tiphaine

Régulation naturelle des naissances, La, Art Rosenblum

Sexualité expliquée aux enfants, La, Françoise Cholette-Pérusse

Techniques du macramé, Paulette Hervieux

Toujours des trucs, Jeanne Grisé-Allard

Toutes les races de chats, Dr Louise Laliberté-Robert

Vivre en amour, Isabelle Lapierre-Delisle

LITTÉRATURE

À la mort de mes vingt ans, P.O. Gagnon

Ah! mes aïeux, Jacques Hébert

Bois brûlé, Jean-Louis Roux

C't'a ton tour, Laura Cadieux, Michel Tremblay

Coeur de la baleine bleue, (poche), Jacques Poulin

Coffret Petit Jour, Abbé J. Martucci, P. Baillargeon, J. Poulin, M. Tremblay

Colin-maillard, Louis Hémon

Contes pour buveurs attardés, Michel Tremblay

Contes érotiques indiens, Herbert T. Schwartz

De Z à A, Serge Losique

Deux millième étage, Roch Carrier

Le dragon d'eau, R.F. Holland

Éternellement vôtre, Claude Péloquin

Femme qu'il aimait, La, Martin Ralph

Filles de joie et filles du roi, Gustave Lanctôt

Floralie, où es-tu?, Roch Carrier

Fou, Le, Pierre Châtillon

Il est par là le soleil, Roch Carrier

J'ai le goût de vivre, Isabelle Delisle

J'avais oublié que l'amour fût si beau, Yvette Doré-Joyal

Jean-Paul ou les hasards de la vie, Marcel Bellier

Jérémie et Barabas, F. Gertel

Johnny Bungalow, Paul Villeneuve

Jolis deuils, Roch Carrier

Lapokalipso, Raoul Duguay

Lettre à un Français qui veut émigrer au Québec, Carl Dubuc

Lettres d'amour, Maurice Champagne

Une lune de trop, Alphonse Gagnon

Ma chienne de vie, Jean-Guy Labrosse

Manifeste de l'infonie, Raoul Duguay

Marche du bonheur, La, Gilbert Normand

Meilleurs d'entre nous, Les, Henri Lamoureux

Mémoires d'un Esquimau, Maurice Métayer

Mon cheval pour un royaume, Jacques Poulin

N'Tsuk, Yves Thériault

Neige et le feu, La, (poche), Pierre Baillargeon

Obscénité et liberté, Jacques Hébert
Oslovik fait la bombe, Oslovik
Parlez-moi d'humour, Normand Hudon
Scandale est nécessaire, Le, Pierre Baillargeon

Trois jours en prison, Jacques Hébert
Voyage à Terre-Neuve, Comte de Gébineau

SPORTS

Baseball-Montréal, Bertrand B. Leblanc
Chasse au Québec, La, Serge Deyglun
Exercices physiques pour tous, Guy Bohémier
Grande forme, Brigitte Baer
Guide des sentiers de raquette, Guy Côté
Guide des rivières du Québec, F.W.C.C.
Hébertisme au Québec, L', Daniel A. Bellemare
Lecture de cartes et orientation en forêt, Serge Godin
Nutrition de l'athlète, La, Jean-Marc Brunet
Offensive rouge, L', G. Bonhomme, J. Caron, C. Pelchat

Pêche sportive au Québec, La, Serge Deyglun
Raquette, La, Gérard Lortie
Ski de randonnée — Cantons de l'Est, Guy Côté
Ski de randonnée — Lanaudière, Guy Côté
Ski de randonnée — Laurentides, Guy Côté
Ski de randonnée — Montréal, Guy Côté
Ski nordique de randonnée et ski de fond, Michael Brady
Technique canadienne de ski, Lorne Oakie O'Connor
Truite, la pêche à la mouche, Jeannot Ruel
La voile, un jeu d'enfant, Mario Brunet

Imprimé au Canada/Printed in Canada